部下が
アスペルガーと思ったとき
上司が読む本

信じられない言動をする
部下の**心**がわかる

あなたは本当に
病気なの？

宮尾益知 Miyao Masutomo
滝口のぞみ Takiguchi Nozomi

河出書房新社

部下がアスペルガーと思ったとき上司が読む本

宮尾益知
滝口のぞみ

河出書房新社

部下がアスペルガーと思ったとき上司が読む本

目次

ＡＳＤ傾向の人たちが上司から叱責されたときの行動／「語用論」が苦手ではっきり言わなければわからない／不文律の事柄は叱責でないと明言して合理的に説明する／はっきり言うことも大事だが、言い方も大切／ＡＳＤの部下は全体像を理解してから仕事を始める／ＡＳＤの人たちは類推や思い込みでは動かない／どうでもいい質問をくり返してくるＡＳＤの部下／ＡＳＤの部下は物まね情報の蓄積で言動を学んでいく／注意されたことは失敗のデータベースに入らない／他者の失敗を観察して学習するＡＳＤの部下／失敗してはいけないが、失敗にならなければいい／細かい表情の変化に気づかないＡＳＤの部下たち／ＡＳＤの部下たちが孤立していく過程……／喜ばれることが好きなＡＳＤの人の落とし穴／優れた上司をそのままコピーするＡＳＤの部下／ＡＳＤの部下の言い訳をしっかり聞いてみる／「被害感」や「怒り」として噴出するＡＳＤ部下の「困り感」／職場で必要な細かな具体的支援はどこまで必要？／工程表で図示しながら仕事の内容を教えて指示する／定期的なヒアリングをあたりまえにする

序章

発達障害の部下を持つと起こること

みなさんは会社で以下のような経験をしたり、目撃をしたことはありませんか？

1

メールで「今日はお休みします」と伝えてきたり、突然「会社を辞めます」と連絡してくる部下。

2

仕事を遂行するうえで、わからないことがあっても理解をしないまま仕事を進めてしまい、まったく仕事になっていない部下。結局、なにをしていいのかわかっていない、わかりませんと言えない部下。

3

常に失敗を他人のせいにする部下。絶対に自分は悪くない。すいませんと言えないし言わない。あやまらない。その結果、職場の雰囲気が非常に悪くなってしまう。

4

仕事が終わっていないのに、進行チェック表に終了のチェックマークを入れる部下。上司は仕事が済んだものと思っているけれど、実は済んでいない。

その後に問題が発覚して大事になってしまう。

5

上司や先輩にエアコンの温度設定などの指示までしてしまう部下。先輩社員や上司に友だちのように話す部下。

6

できない言い訳ばかりしてなにも仕事を進めない部下。できない理由を終日語っている。

7

のれんに腕押しのタイプ。15分の残業をすれば明日の納期に間に合うのに、絶対に定時に帰る。もう少し頑張ってほしいと上司は伝えるけれど、意に介さず仕事を終えて帰る部下。休日出勤はもちろん、会社のイベント（土日に開催される）も参加したり手伝ったり絶対にしない。

8

仕事中、周囲とおしゃべりばかりしていて業務がまったく進まない。よく聞いていると一方的に自分が興味のあることで、仕事とは関係のない話ばかり。周囲のスタッフも迷惑気味。

9

とにかくきれい好き。資料の棚の整理やお掃除、オフィスの模様替えなどには異様に関心が高い。少々オフィスが雑多になるとその1カ所をきれいにすることだけに専念してしまい仕事にならなくなる。

10

少しずつ約束を違える部下。待ち合わせには必ずぎりぎりか5分くらい遅れる。納期や〆切も、最初は「できます」と言いながらその時間になると、ほぼ100パーセントに近く終わらず遅れてしまう。場合によっては翌日まで仕事を残してしまう。

11

常に身体の不調を訴えつづける部下。朝出社してから延々と「頭痛」や「吐き気」など体調不良を訴えている。それが翌日もその翌日も続く。周囲が辟易しながら仕方なくそれを聞いている状態で仕事をしている。

12

仕事を始めない部下。ぎりぎりまで仕事を開始しないので必ず納期や期限に遅れてしまう。毎回それをくり返している。

13

自慢話が多く、他人の話をまず聞かない部下。上司や同僚が語ったことでも、さらに上から目線でやっつけるような言動をする。常に自分が一番というポジションをとりたがり社内で浮いてしまう。

14

新入社員が入ってくると、会社の経費精算のことなど些細な失敗を見つけて1時間も2時間も会社員の心構えなどを延々とレクチャーしている経理マンや総部部員。お説教が一段落しないと職場にもどれなくて新入社員などは困ってしまう。

15

落ち着きがない部下。集中力がないので、どうしても手元の仕事が遅れ遅れになってしまい、残業になってしまう。いつも一つのところ（自分の席）にじっとしていることができず、10分もすると離席してしまう。行先は喫煙ルームやトイレだったりもするけれど、他の社員との雑談も多い。

16

普段はおだやかでおもしろいことを言ったりしたりするのだけれど、なにかの拍子に突然ものすごく怒りだす。相手に落ち度があることもあるが「なにもそこまで怒らなくても……」というくらいキレる。みんな呆気にとられ、驚き、近づかなくなる。

17

話に脈略がない。いったいなにを話したいのかわからない。最後まで聞こうとするが、結局、なにを言いたいのか、なにをしてほしいのか、どうしたいのかが伝わってこない部下。

18

失敗の言い訳が言い訳になっていない。ウソをついている。開き直っているように見えることがある。遅刻をしてきても、「数分くらいいいじゃないですか」といった態度になることがある。

19

とにかく悪いのは全部周囲で、自分は悪くないという立場しかとれない部下。「会社が悪い」「○○さんが悪い」「取引先の対応が悪い」などと周囲が悪いことになり、自分にはいっさい問題なしという態度をとる。

20

絶対に先輩社員の助言や提案を受け入れない。頑として受け入れず、先輩の提言を否定し自分のやっているとおりに仕事を進めようとする。そのわりに失敗をする。しかし、その場合の責任は周囲のせいになってしまう。信じられないくらい頑固。

21

なにごとも楽観的に（自分に都合のいいように）解釈し、上司が望んだような仕事のやり方や結果にならない。あるいは、自分の都合に合わせて解釈した結果、仕事の目標に達しない。

22

とにかく手抜き。適当、いい加減。だらしない。約束を守らない。時間も守らない。仕事が雑な部下。

23

上司が真剣に怒り、指導や注意をしているにもかかわらずにこにこしている。薄ら笑いをしている。

24

自分より立場の弱い社員や取引先や女性、年下社員に対してとにかく横柄な態度をとる。上からのもの言いをする。人を馬鹿にしているように見える。その結果ものすごく嫌われてしまう部下。

25

これまで経験したことのない仕事を目の前にして、妙に自信満々な態度をとる部下。自分ならできると語り、仕事を始めるが途中でできなくなる。その後仕事を投げ出す。後始末は他の社員がすることになる。

上司のみなさんはこんなことを言っていませんか？

前記の25例は、「アスペルガー障害」のことはよく知らないけど、最近よく聞く「発達障害」があるのでは？　と上司が首をかしげてしまう部下の言動を集めたものです。

その場面だけで判断をすることができないものも多く、もちろん即座に断定することはできません。しかし、実はアスペルガー障害が含まれる自閉症スペクトラム（ASD）の特性を知ることで、理解できることがあるのです。さて、前記のような部下を目前にして、上司のみなさんはどのように対応をしているでしょう。

ある日、同じ会社に勤めている中堅社員とおぼしき男性たちが、電車の中で一人のある部下の不満を大きな声で話しているところに遭遇しました。三人ともお酒が入っている様子で、本音を語り合っていたようです。

その一人の部下のことは三人ともに知っていて、部下の直接の上司である男性が武勇伝のように語りはじめました。

「近ごろ、お前にみんななにも言わなくなったってことは、別にお前が仕事をできるようになったってことじゃないからな！　わかってるんだろうな！」

そう言ってやったのだと、一緒に電車に乗ってきた仲間に話をしていたのです。

おそらく彼はその困った部下を叱咤（同時に激励）したつもりだったのでしょう。

もちろん、その男性にとって、そのような少々乱暴な言葉遣いは仲間意識や温かみ、さらに親しみをこめた表現なのだと思っていたのでしょう。その男性自身は、突き放したような乱暴な言葉の中からも真意を汲みとることのできる高いコミュニケーション能力や社会的適応力を持っていたのかもしれません。反対に、そのような言葉を、なにも感じることなく部下に話してしまう人物だったのかもしれません。

しかし、いずれにしても、その言葉を投げかけられた失敗続きの部下は自閉症スペクトラム（ＡＳＤ）である場合もあるのです（その上司自身がそうである場合もあります）。

ストレスという言葉はもともと物理学で使われる用語で、物体になんらかの圧力が加わる際に発生するひずみです。どんな人間でも圧力が加われば心理的なひずみは生じます。もちろん、強い言葉や荒々しい言葉を受けると人はそれだけで大きな心理的なひずみを感じます。

前述のような上司から部下への強い言葉の投げかけは、パワーハラスメントで裁判になっても負けてしまう可能性があります。それでも、このような発言は思いのほか多いのではないでしょうか。

その電車の中で彼らの話に耳を傾けていた私は、もし男性上司が発した言葉を聞いた部下が本当にアスペルガー障害だったらどんな思いだったのかを考えました。部下がアスペルガー障害だったら、どれほど強いストレスになっているのか想像ができないほどでした。

自閉症スペクトラム（ASD）の人の心の中

自閉症スペクトラム（ASD）、すなわち、アスペルガー障害を含む自閉症的傾向を持つ人たちは（後ほど詳述しますが）、人の気持ちを推し量ることや、対人関係が苦手でこだわりがあり、想像することが苦手なので、なんとか社会に適応しているのです。会社の中でいつも居心地の悪さを抱え、びくびくし、そんな自分自身に苛立ち、周囲の環境にも怒りながら、「生まれてこなければよかった」と思っているのです。

ある患者さんは、

「自分から死ぬ気はないけれど、でも早く死ななければならないなら、それでいいと思っているんです。毎日が本当につらくて、どうして生まれてきちゃったのだろうと思うことがあるんです」

と、生きづらさを言葉にしていました。

また、別の患者さんは、

「私は日本人なのに、たった一人で言葉もまったくわからないアメリカにいるような気持ちで暮らしています。私は英語も話せないし、アメリカのこともわかりません。私がこんなになにもわかっていないことを、周囲の人々が全然わからないのです。そして、私はいつもびくびくして生活しています」

と言っていました。

「どうして生まれてきてしまったのだろう」、「海外で暮らしていると思うほど、自分の言葉が他人に伝わらない」、「いつもドキドキおどおどしながら暮らしている」そんな苦しみを抱きながらＡＳＤの人たちは日常生活を送り、日々の仕事に向かっているのです。

そんな心のひずみを抱えながら、それでも生きにくさを克服し仕事をしていきたい、楽しく暮らしていきたいと切に思っている彼ら彼女たちを理解するために本書は書かれています。そして、会社の上司がその手助けをしてくれるための指針に少しでも役立つならば、という点も、本書を執筆するきっかけです。

本書を手にとってくださった上司であるみなさんは、会社で一緒に働いている、言動の不可解な部下の真意を理解しようと思っているのだと思います。そして、もしかすると発達障害かもしれない、それも近ごろよく耳にする「アスペルガー障害」ではないかと、ふとした時に、あるいはつねづね思っているのかもしれません。

また、上司ではないけれど、同僚の不可解な言動に困惑しているあなたが、確信を持ってこの本を手にとってくださったのかもしれません。逆に、部下の立場ではあるけれど、日ごろ仕事のうえでサポートすることの多い上司について、もしかしたら「アスペルガー障害」ではないかと思ったかもしれません。

あるいは上司とうまくいかないあなたが、自分は「ひょっとしてアスペルガー障害なのかも？」と思ったのかもしれません。もしそうだとしたら、おそらくそれは、アスペルガー障害のことをよく知らないで、「私はなにか変わっている」、「上司の言葉の意味がわからないけれど、ひょっとしたら私になにか原因があるのかもしれない」、ということに漠然と「アスペルガーかも」と言ってしまっているだけなのかもしれません。しかし、そうであってもそれをあえて歓迎したいと思います。

なぜなら、そこにはすでになんらかの気づきがあるからです。

アスペルガー障害のラベルを貼るだけでは解決しない

上司も同僚も部下もそして自分自身も、「もしかしてアスペルガー障害かもしれない？」と思いはじめている方々は、おそらくなんらかの困った経験をしているのではないでしょうか。

しかし、この本では、自分自身を含め職場で困った原因になっている人々や当事者の方たちに、安直に「アスペルガー障害」のラベルを貼り、安心するだけになってしまうことがないようにと考えています。たしかに安心という点では、「自分はアスペルガー障害かもしれない」、「部下はアスペルガー障害かもしれない」と、アスペルガー障害の当事者と気づくことは重要です。気づきはとても深い安心を与えることがあり、実は「自分はアスペルガー障害だ……」と自分自身知ることにより、多くの苦悩から解放され、その結果、それまで一所懸命頑張ってきたことを、すべてやめてしまう人もいるからです。

留意しなければならないもっとも大切な認識は、ラベルを貼ることはアスペルガー障害である人とそうでない人をはっきりと分けてしまうことにつながることです。発達の問題を扱うとき避けて通れないのがこの問題です。

学校で気になる言動の子どもを見つけた際に、子どものことを一番に考えてくださる先生が、「○×△かもしれない」と、ラベルをつけてしまうことに躊躇したり、ラベルを貼られたことに怒りを感じる保護者がいるのも当然で、このジレンマは教育の現場では多く見られます。

しかし、本書は誰でも多少はなんらかの偏りがあるということを理解するための本でもあり、加えて神経発達症の特性を持つ人々の中にはとても優れているところがあること、そしてその人が持っている最大の力を出すためには、気づきや理解が必要だという立場をとっています。

「学び方がみんな違う」ことに気づきだした教育の現場と同じように、それぞれの能力を発揮するには、まず上司の気づきが重要となり、そこからすべてが始まるのです。そして、会社で働く方々にとって上司たちの困り感や困惑はいったいどこからきているのか、アスペルガー障害を含むＡＳＤの特性から解説をしていきたいと思います。さらにその特性に対してさまざまな工夫をすることを通じて、高い能力を期待され、一緒に働いている人たちみんなが、同じ職場で互いに持っている力を協調しながら、うまく発揮できることをめざします。

アスペルガー障害を本人に伝えることの問題

発達障害、とくにアスペルガー障害については、マスコミや書物から広く知られるようになってきました。実際に、医療機関では、大学を卒業し就職してから発達障害であること、なかでもアスペルガー障害が含まれる自閉症スペクトラム（ASD）であるということがわかる人たちが増えています。ここからはそのような総称である自閉症スペクトラム（ASD）の人と呼ぶことにします。

その人たちの中には、メディアや周囲からの指摘で「もしかしたら?」と、ネットを検索し、質問項目に答えてみたら当てはまることが多かったという人もいます。ネットの質問項目の結果から、すでに確信を持って医療機関を訪れる人も多くいます。

反対に、周囲から見て当てはまるように見えても、自分では認めることができず、専門家に否定してもらおうと心療内科などの医療機関を訪れる人たちもいます。成人の発達障害を専門とする医療機関はまだそれほど多くないので、そのような機関はいずれも非常に混んでいます。初診まで何カ月も待たされるという話もよく聞きます。相談機関で抑うつ感を訴えて面接を始めた人の中に、実は根底に発達障害の特性の問題を抱えていると思われる人が少なくないのです。

しかし、たとえば夫婦のコミュニケーションがうまくいかず、夫はいわゆる自閉症スペクトラム（ASD）かもしれないと思う妻が、夫に医療機関での診察を勧めても、すぐに医療機関を受診してくれる夫はあまりいません。みずから進んで診察を受ける夫であれば妻もそれほど困ることはないでしょう。子どもに神経発達の疑いを認め、担任が保護者に医療機関での診察を促すことはいまでも保護者を傷つけてしまう危険を伴っています。

周囲の人が子どもの対応に困り、もしかしたらと思いネット検索し、その子どもが自閉症スペクトラム（ASD）に違いないと確信しても、そのようなことを伝えることには慎重になるべきです。子どもたちや夫に自閉症スペクトラム（ASD）

の診察を勧めることは非常にデリケートな問題を含んでいます。まして会社の部下にその特性を見ることができた場合、どうやって彼らをみずから受診させることができるのでしょうか。

発達障害で受診する人は職場不適応を起こしている

反対に、どんな人が受診してくれるのでしょう。相談機関の予約をとる、あるいは医療機関の受診にみずから向かう人には、比較的大きな共通する特徴があります。それは職場ですでになんらかの不適応を起こしているということです。

会社に行く途中でパニック症状を起こす人、うつ病という診断で休職中の人もいるでしょう。その結果、やむなく退職する人もいるかもしれません。何度も転職をくり返している人もいます。つまりそのような状況になっている人々は、職場の不適応からいわゆるメンタルヘルス不調に陥っているということなのです。

彼らは多くの葛藤と苦悩の末に、なんらかの不適応を自覚して医療機関や相談機関を訪れます。自閉症スペクトラム（ＡＳＤ）の人がそのような状態になるには、コミュニケーションや対人関係構築の苦手意識、そしてこだわりなどの特性から発生するたくさんの（自覚されていなかったものも含め）生きにくさがあり、孤立する経験や失敗の経験を持っています。この孤立感や失敗体験が専門家に援助を求めるきっかけになっていることがとても多いのです。

ＡＳＤ特性を持つ人の周囲も疲れている

ＡＳＤの特性と関連しますが、彼らや彼女たちには自分に生きにくさの悩みがあり、また失敗した事実に対する認識や受容（ときには謝罪）はあるのに、よく話を聞いていくと、実はその発言の中に失敗に対する反省はあまりなかったり、主観的にはまったく失敗と思っていなかったりするのです。

逆に、そのような状況に追い込んだ上司や同僚、部下、そして会社への不満や怒りが蓄積されていることに出合うことがあります。

自閉症スペクトラム（ＡＳＤ）の彼らや彼女たちは孤立感が強く、被害者意識が多く、物事の失敗に対する謝罪は形式的で、むしろ乗り越えられないのは自分自身の怒りの大きさと思われる発言が聞かれることがあります。

どのような失敗をしてしまったかを、包み隠さず、表情も変えず、罪悪感も示さず、まるで他者の落ち度であるかのように話す自閉症スペクトラム（ASD）の人もたくさんいます（もちろん意図していなかったことなので悪いと感じていないからです）。

上司や同僚などから厳しい言葉を投げかけられた自閉症スペクトラム（ASD）の人の強い怒りは、しばしば訴訟につながることもあります。周囲に否定されたことの絶望感は、相手への敵対や攻撃につながったり、突発的に自己破滅的な極端な結果になることすらあるのです。

そのようなときの彼らの発言や態度に接し、状況を伝え聞くとき、おそらくそこに至るまでには自閉症スペクトラム（ASD）の彼らの言動に対して、上司や同僚、部下など職場の人たちにはたくさんの戸惑いや驚きがあるのです。逆に自閉症スペクトラム（ASD）の彼らには我慢や譲歩、苛立ち、無視や失敗からくる被害感や怒り、そして疲労感があったであろうことが推測できます。

人との関係は上司や部下という力関係があっても、さらにどんな関係でもその間にはなんらかの相互作用が生まれます。自閉症スペクトラム（ASD）の人は上司や周囲の無理解から否定的な気持ちになります。しかし、職場の人たちも自閉症スペクトラム（ASD）の彼らの理解できない行動に疲れ、反省しない態度に苛立ち、それまでのさまざまな努力に疲弊しているという相互のかみ合わない状況が、私たち治療者には伝わってくるのです。

発達障害をこじらせる前に……

そのようなクライアントを前にするとき、発達障害の知識はもはや人々に広く浸透していて、誰もが身近に感じていると思っているのは私たち専門家だけであって、職場ではまだまだ理解されていないことを痛感します。

またそこに、部下はアスペルガー障害なのかもしれないという単にラベルを貼るような視点はあっても、そのことが決してよい結果を生み出すことなく、かえって職場や人間関係をこじらせてしまっていることを実感するのです。

神経発達の問題はその人の特性の強さやこれまでの環境、経験で一人ひとり違うのですが、職場や人間関係をこじらせる原因は実にシンプルです。職場の上司を含め周囲が困り、本人が不適応を起こすのは、自閉症スペクトラム（ＡＳＤ）への理解と気づきが少し遅かっただけなのだということができるからです。

自閉症スペクトラム（ＡＳＤ）の彼らの言動には実は理由があり、一つひとつ説明することが可能です。説明ができれば対応もできるはずです。アスペルガー障害を含むＡＳＤの特性は私たちの誰もが少しずつ持っています。

つまり、誰もが持っている自閉症スペクトラム（ＡＳＤ）の特性が強いからなのだということがわかっていたら、家庭の中でももちろん会社においても、上司や部下の間でも、お互いに感じるかみ合わなさなどの苦労や葛藤を抱えずにすむのではないかと思うのです。

第1章

アスペルガー症候群とは?

アスペルガー症候群とはなにか

「アスペルガー症候群」は、初めて報告したオーストリアの小児科医、ハンス・アスペルガーにちなんで名づけられました。

ハンス・アスペルガー（以下アスペルガー）は1944年に「小児期の自閉的精神病質」というタイトルで四例の子どもについて、ドイツ語の論文を発表しました。前年の1943年にはアメリカの精神科医であるレオ・カナーが早期乳幼児自閉症に関する論文を発表しています。カナーの論文がその後、長く英語圏で影響を持つようになり、敗戦国でありドイツ語で報告されていたアスペルガーの論文は注目されることはありませんでした。

実は、アスペルガーの論文は日本では比較的早く紹介され、その存在は知られていました。しかし、カナーの報告との共通性がある点については気づかれませんでした。その後も医学の世界では、英米の影響が強まったこともあって彼らの論文が話題になることはなかったのです。

英語圏で話題になるようになったのは1981年にイギリスのローナ・ウィングという児童精神科医がアスペルガーの業績を紹介し、再評価したことから始まりました。同時代に生きてきた私にとって、彼の論文が与えた影響の大きさをよく覚えています。同時に、私が自閉症スペクトラムに興味を持つきっかけでもありました。当時、自閉症と診断される場合は、言語によるコミュニケーションが限定されていたり、対人関心も非常に乏しく、おもに知的障害のある子どもにのみつけられていました。言葉によるコミュニケーションが可能だったり、一方的でも対人関心がある場合は自閉症とは考えられていなかったのです。

しかし、ウィングは多数例の研究から、自閉症と診断されていないけれど、社会性、コミュニケーション、想像力の三つ組の障害を持つ子どもたちがいることに気づき、ウィングは三つ組の障害を持っていながら自閉症と診断されない子どもたちの一部が、アスペルガーの報告したケースに似ていることに気づきました。そこで、彼らにはアスペルガー症候群という診断が適切であるとしたのです。そして、自閉症と同じような援助・教育の対象にしたほうがよいと考えたのです。

こうして三つ組みの症状を持つ子どもたちは自閉症スペクトラム（アスペルガー

症候群）と認識され、しだいに注目されるようになりました。

国際的な診断基準であるＩＣＤ‐10（国連の世界保健機関による分類）やアメリカ精神医学会の診断基準（ＤＳＭ‐Ⅳ）にもアスペルガー症候群の概念は採用され、現在に至っています。

アメリカ精神医学会のもっとも新しい診断基準であるＤＳＭ‐Ⅴでは、アスペルガー症候群、特定不能の広汎性発達障害、高機能自閉症の診断が医療機関などの施設によって微妙に異なることがあったため、すべてをスペクトラム（連続体）な関係であるとして、自閉症スペクトラムとして考えるようになりました。そのため、アスペルガーという診断名はなくなりました。アメリカ精神医学会では、まだアスペルガーが神経発達症の一つとして記載されていますが、現在は自閉症スペクトラムの重症度で記載するようになりました。

しかし、世界保健機関（ＷＨＯ）は、アスペルガー症候群を現在のＩＣＤ‐10の中で、広汎性発達障害（ＰＤＤ）の一つであり、自閉症スペクトラム（ＡＳＤ）の一種であるとしています。

とはいえ、典型的症状の場合、自閉症とアスペルガー症候群は明らかに異なります。対応方法なども明らかに異なっています。私は「アスペルガー症候群」の診断名を残しておくほうがよいと考えるため、この本で取り上げる疾患（状態）はDSM-Ⅳで考えられていたアスペルガー症候群に従おうと思っています。それでは症状を具体的に述べていきましょう。

①社会的関係を持つことは、他の人と一緒にいるとき、とくに集団の中でどのようにふるまうべきかがわかるということです。しかし、アスペルガーの子どもたちは社会的関係が結べません。

②コミュニケーションとは自分の思っていることをどのように相手に伝え、相手の言いたいことをどう理解するかということです。コミュニケーションには言語を使う場合と言語以外を使う場合があります。アスペルガーの子どもたちは、とくに言語以外のコミュニケーションが得意ではありません。

③想像力と創造性の問題とは、どのような状態であっても適切にふるまえる柔軟な考えを持つということで、子どものころは模倣、ふりや見立て、こだわりと関係します。しかし、アスペルガーの子どもたちは状況に合わせた適切

なふるまいが行えません。

アスペルガーの子どもたちにはこれらのことを見ることができます。

アスペルガー症候群を定義すると……

私は2012年に国立小児病院神経科から、国立成育医療研究センターこころの診療部に移りました。そこでは、小児神経科医としてではなく、児童精神科医の立場から子どもたちの診療を行うようになりました。

しかし、このころから通常学級にいても、通常学級に適応することが難しい子どもたちについての議論が深まりはじめました。そして、その子どもたちは発達障害と定義されるようになりました。定義の内容も決まり、発達障害支援法も施行され、社会でも理解が深まりはじめ、子どもたちの療育が全国で始まったのです。

私たちは、発達障害について学問的、実際的の両面での理解を深めるために、「発達障害の進歩と対応」のセミナーを毎月行って、サポートネットワークを構築しました。同時に、自閉症の人の心を探るため、自分を説明できる思春期以降の「アスペルガー症候群」の心を探るチームをつくり、そのころ十分理解されていなかった自閉症の人たちについて、心の成り立ちを教えてもらう試みを始めたのです（参照・『アスペルガー症候群　治療の現場から』）。

一方、国際的には、大勢の人々に知られるようになったアスペルガー症候群は、社会的な問題になっていることも多く散見されたのですが、アスペルガー症候群に対して誰もが理解できる客観的で明白な定義が定まっていませんでした。定義が一つではなかったのです。

大きく分けると、アスペルガー症候群の定義には二つあります。一つはウィングたちが提唱し、おもにイギリスを中心にヨーロッパで使われているアスペルガー症候群の概念です。それからもう一方は、アメリカの精神医学会が用いている、DSM-ⅣやICD-10などの国際的な診断基準で定義されているアスペルガー症候群（これはICD-10の呼び方でDSM-Ⅳではアスペルガー性障害）で、この二つの概念に分かれます。

私たちは、ウィングたちの考え方を基本にしてアスペルガー症候群を考えています。DSM-Ⅳの考え方は次のようになっています。アスペルガー症候群は認知・言語発達の遅れがないこと、コミュニケーションの障害がないこと、そして社会性の障害とこだわりがあると定義されます。しかし、まったくコミュニケーションの障害がないことはあり得ません。ウィングの考えでも、アスペルガー症候群は三つ組の障害があると定義されていますが、こちらではコミュニケーションの障害も併せ持つと定義されています。

二つの定義を運用すると、一人の子どもを診断する際、国際的な診断基準を適用するとその子どもは自閉症であり、ウィングの基準を当てはめるとアスペルガー症候群と診断されることも少なくないのです。あるクリニックでアスペルガー症候群と診断された子どもが、別の病院では自閉症と診断されることが起こり得ます。このような定義の混乱が実際に起こっています。さらに、アスペルガー症候群と類似、または同じ意味の障害として高機能自閉症、高機能広汎性発達障害と言われている場合もあります。

本書では、アスペルガー症候群について書かれていることが、高機能自閉症、特定不能の広汎性発達障害と診断されている人にも当てはまると考えていただけたらと思います。自閉症とアスペルガー症候群はひとつながりのもので、どこかで厳然と二つに分かれるものではなく、幼児期には典型的な自閉症の特徴を持つ子どもが思春期になるとアスペルガー症候群の特徴が目立ってくる場合もあります。また、家族の中で自閉症とアスペルガー症候群が存在していることも珍しいことではありません。

アスペルガー症候群の特徴

アスペルガー症候群には、①社会的関係の障害、②コミュニケーションの障害、③想像力と創造性の障害の三つ組みの障害がありますが、社会生活を営んでいく中でどのような障害になるのかを考えてみます。

まず、会話のウラが読めないという点があげられます。

抽象的で曖昧な表現が理解できないのです。「どうしてそうするの」と尋ねると「どう」とは〃？〃となり、「そうするの」で〃？〃と一つひとつ悩んでしまいます。これは、想像力を働かせることができないからなのです。また、話の直前のことをさしている言葉であっても、もう一度具体的に言われなければわかりません。また、言葉のウラを読む想像力も少ないため、たとえ話や皮肉も通じません。アスペルガー症候群の人にとって、言葉はそのまま「事実を伝達する道具」なので、相手の言った言葉を文字どおりに受けとってしまいます。

さらに、彼らは予定外のことに戸惑います。予定外のことが起こったとき、想像力を働かせられないことに加え、すばやく発想の転換をすることが不得手なため、不安が強くなり、ときにはフリーズしたりパニックを起こしてしまいます。

交渉ごとが苦手です。交渉ごとは、相手の気持ち、立場などを想像して行うわけですから、社会性の障害、コミュニケーション能力の障害、想像力の欠如などがスムーズな人間関係をつくりにくくしています。自分がイニシアティブをとって交渉することはできますが、交渉時に、相手とどこかで折り合いをつけることは難しいと思います。

全体像がつかめません。ものを全体として理解することが苦手です。部分の集まりから全体を想像するので、全体を理解するために時間がかかります。また、全体の理解が偏ってしまうこともよくあります。その結果、作業効率が悪くなるのは当然なのです。

選択的注意ができません。多くの情報の中から必要な情報を取り出す能力ですが、上野駅で故郷の訛りを聞くこと、カクテルパーティーで知り合いを見分ける能力などがないと言われています。賑やかな環境の中にいると、すべての音が耳に入ってしまうため、必要な情報や相手の声に集中することができません。

視覚についても同様です。周囲の色彩が多く、整然としていなければ、その中から必要なものを選び出すことが難しいのです。自分の感情に伴って起こることも指摘されなければわかりません。「涙が出るから悲しい」、「好きな人のそばに行くと心臓がどきどきしてしまう」などですが、説明をされて初めて気づくことがあるのです。

顔が覚えられない。通常、人の顔は全体として大まかな印象によって理解しています。目も大きなポイントになります。しかし、アスペルガー症候群の人たちは、全体を見ることが不得意で、細かいところに注目してしまうので、顔の表情が変わってしまうと、違う人と理解してしまいます。彼らは相手の顔をメガネやアクセサリーなどで覚えている場合があるので、アクセサリーや服装が変わるとわからなくなってしまうことがあります。

「生きにくい」と感じています。成長の過程で、「自分は周りとどこか違っている」とか「周囲のことがよくわからないので生きにくい」と感じています。そのため周囲をよく見て、真似をしながら生きていくのですが、どんなに知的に高くても真似がすべてうまくいくわけではありません。優しい環境でいろいろなケースを具体的に教えてあげることが必要なのです。

二つのことを同時にできません。社会生活を送るうえで、二つのことを同時進行させなければいけないことはよくあります。話を聞きながらメモをとる、電話をしながら書類を見るなどです。しかし、アスペルガー症候群の人は、「話を聞くこと」や「書くこと」を別々に集中しないとそれぞれができません。話をして同時にメモをとることには困難を感じています。その結果、会議や交渉のときには蚊帳の外にいるような気分になってしまいます。

なぜ現代社会はアスペルガー症候群の人が生きにくいのか

ひと昔前なら、地域社会があり、公園にはガキ大将がいました。その中でみながお互いに社会性を磨くことができました。しかし、学習本位で子どもが少なくなった現代では、このようなソーシャルスキルを磨く機会がほとんどありません。

それでも以前は、農業や手工業などの一次産業で十分活動することができました。しかし、現代の職業は第三次産業がもっとも盛んになっており、対人関係を重視する職業がほとんどです。

また、仕事の能率が悪くても、少々間違いがあっても、以前は顔見知りの商業圏で仕事が成立していたため、お互いに失敗を許し合うこともできました。しかし、現代の消費者は商品やサービスに高い水準を求めることが「あたりまえ」になってしまい、生産者側に少しのミスも遅れも許さなくなっています。

とくに大都市では、お互いの顔が見えないまま取引が行われることも多くなっています。このような厳しい社会環境の中、アスペルガー症候群の人たちは疲労し、自信をなくし、孤独のまま社会から脱落して行くことになります。

さらに複雑なことは、アスペルガー症候群の人には知的障害がないことから、幼児期にアスペルガー症候群であることを指摘される機会が少なく、学童期後期、あるいは大学に進学してから、または就職後などにアスペルガー症候群であることに気づくことがあります。そうして、気づかないままうつ状態になり、学校や会社の中で脱落していく人が少なくありません。

実際、私たちは比較的早期からアスペルガー症候群と診断し、就労までフォローしている子どもたちも少なくないのです。子どものころにアスペルガー症候群と気づく彼らは、成人してからアスペルガー症候群と診断される人より明らかに症状が重いはずです。しかし、後者よりも明らかに予後は良好というのも事実です。

最近、職場でうつ状態になる人が何度もうつ病を再発したり、うつがなかなか治らないケースがあります。実は、彼らの中には発達障害の人たちが多いということが指摘されはじめています。

このように、うつが解消されない理由には二つの要因があります。一つには、うつ病はよくなっても根幹の障害はよくなっていないので再発するということです。注意欠如多動性障害（ＡＤＨＤ）や学習障害（ＬＤ）では、うっかりミスや自己中心的行動、失くし物などの特徴がよくなっているわけではありません。読み間違い、文字の間違い、読めない文書作成、簡単な計算間違いなどが改善されるわけではないのです。当然、以前の失敗と同じことをくり返してしまい、うつが再発してしまうのです。

また、アスペルガー症候群の場合、診察の際の診断基準ではうつ病と診断されていても、脳内の状態がセロトニン欠乏による典型的なうつの状態でないこともしばしばあります。医師によるうつの診断基準は、「身体的症状」と「精神的症状」により判断を行いますが、「精神的症状」を精査することなく、「身体的症状」だけでうつと判断するケースも多々あります。その際、一般的にうつ病に使用するセロトニンを増加させるようなＳＳＲＩの薬を使用するため、うつが改善することなくむしろ難治になって行くのです。

うつ症状の人に対して、うつの「身体的症状」と同じような「身体的症状」を見せるアスペルガー症候群には、ノルアドレナリンに注目した治療を行わなければならないのです。しかし、現在は、精神科医も産業医もまだまだ背後にあるアスペルガー症候群に気づくことが難しく、うつ病が難治のまま退職に至る人がいることもあります。

私たちは、アスペルガー症候群の人たちが、さまざまな生きにくさや失敗をくり返していくうち、二次的にうつになることなく学校や会社で活躍できる社会をめざしています。たとえうつになることがあっても、適切な治療が行えるように精神科自体が変化することをめざしているのです。

最近になって、多くの精神科医が言っています。「大人になって苦しみながら精神科を訪ねてくる以前の、子ども時代に出会ってよくしてあげたい」と。自分が診ている大人たちの背後にある発達障害を見極め、もっとよい治療を行いたいという志を持って、精神科医が私のクリニックに相談にくるようになりました。

もちろん、私の力にも限りはありますが、発達障害を根底に抱えていながら成長し、社会に出なければならない人々へのサポートが適切に行える社会をつくることをめざしたいと思っています。いつか社会がこの人たちに適切な対応があたりまえにできるようになったらよいと思っています。

第2章

上司の理解が期待される時代

部下のメンタルヘルス不調を予防する時代

会社の中で、上司が部下の心の健康に気を配らなければならなくなったということは、法律によって管理者責任が問われる時代になったこととも連動しています。これからの上司は、部下と上手にコミュニケーションをとり、仕事をする環境を良好に保つことなど多くのことが求められます。

現代は働く人々の多くがストレスを抱えている時代と言っていいでしょう。実際、仕事や職場に対してストレスを感じている人たちは、厚生労働省の調査によると労働人口の半数を超える状況になっているのです。心の疾患にかかわる企業の労災補償に関しては、請求件数や認定件数ともに近年増加傾向にあることも指摘されています。

心の健康の問題は、その人自身や家族にはもちろん大きな影響を及ぼしますが、企業にとっても、また社会にとっても大きな影響を受けるものです。当然、企業全体でも予防する必要のある課題なのです。もちろん、心の疾患は職場のストレスだけが原因で生じるわけではありませんが、職場は多くの人々が、もっとも長時間過ごす場であり、しかも職場から影響を受けるストレスはときに命に関わります。

厚生労働省がもっとも留意している点の一つには、人々の自殺の問題があります。メンタル不調、すなわち精神疾患は直接死に至るわけではないと考えられていた時代がありました。しかし、近年、精神疾患の患者数が増加していることは、社会的に大きな損失と認識されてきました。

精神疾患による社会的損失は、２００５年で医療費（外来、入院）、薬剤費を含む「直接費用」が１８００億円にのぼり、疾患が原因で患者が本来の社会で活躍できない場合に発生する費用として、「罹病費用」が９２００億円。患者が平均余命を下回る年齢で自殺した場合に発生する「死亡費用」が８８００億円にもなることが報告されています。

厚生労働省の２０１１年の資料では、自殺やうつによる社会的損失（その年に自殺で亡くなった方が亡くならずに働きつづけた場合に得ることができる生涯所得と、うつ病によって必要になる失業給付・医療給付などの減少額の合計）と、自殺やうつ病がなくなった場合の経済的便益との推計額を調査し、２００９年で約２・７兆円、自殺やうつがなくなった場合、２０１０年のＧＤＰ引き上げ効果は約１・７兆円という結果を発表しています。

企業の取り組みと「労働安全衛生法」の改正

職場のパフォーマンスを向上させるための解決策を提案していく心理学的な支援プログラムにＥＡＰ（Employee Assistance Program）というものがあります。これは職場のストレスや人間関係など、職場の中で、個人の生産性に支障をきたす問題を早く発見して解決のためのサポートを行い、職場全体の生産性を向上させるプログラムのことで、このところ多くの企業がこのＥＡＰに注目しています。

なぜならば、一人ひとりの個人がストレスの中で仕事を続けることは、企業の生産性とおおいに関連があり、結局は企業の成長や高い社会性を得ることができなくなるためです。そのために一人ひとりの社員の良好な働く環境を創造し、それを支援することは企業のためだという考え方が広く一般的になってきた証拠とも言えるのです。

さらに平成27年には、「職場における労働者の安全と健康を守り、労働災害を防止することを目的とする法律」、いわゆる「労働安全衛生法」の一部が改正されました。

この改正では、「従業員のメンタルヘルスの不調」（つまり職場のストレスから精神的な不調を訴えること）を予防する職場のメンタルヘルス対策のために、従業員50人以上の企業は年に一回ストレスチェックを実施することが義務化されたのです。

少し専門的な話になりますが、このような企業のシステムや立法の取り組みの考え方は、予防精神医学が専門のアメリカの医師カプランのいう、「予防」の概念に基づいているのです。

カプランは「予防」を三つに分け、まずは精神障害を発生させないこと、つまり「ある特定の集団におけるある種の精神疾患の発生率を低下させること」を一次予防としています。そして、早く見つけて対応すること、つまり不調の早期発見と早期介入が二次予防。再発を防止する、さらに職場復帰させることが三次予防としました。

ここで大切なことは、まず精神障害を発生させないという一次予防がもっとも重要なことなのです。そして、一次予防には二つのタイプがあります。

一つは、教育や研修、チェックや調査、広報や啓蒙などによって、広く社員の一人ひとりが、自分の健康にリスクがあるということを伝え、事前の気づきを促し、環境を整えるポピュレーション・アプローチです。そして、もう一つはまだ表面化はしていないのだけれど、とくにメンタルヘルス不調の発生リスクが高い人たちに働きかけて予防をするハイリスク・アプローチなのです。

自閉症スペクトラム（ASD）の特性を持つ人々に気づき、サポートをしていくことは、このハイリスク・アプローチにあたると考えてよいでしょう。

社会も会社も合理的な配慮が必要な時代

さて、時代は会社組織の中でも社会の中でも、障害を持つ人々への合理的配慮が促進されるように進んでいます。ここでまずしっかり認識しておかなければならないことを記します。法律の話なので少々堅苦しい内容ですが、重要なことなのでまずは理解をしてください。

２０１６年４月からは障害者差別解消法（障害を理由とする差別の解消の推進に関する法律）が施行されました。これによって行政機関や学校、企業の事業者に、①障害を理由とする不当な差別的取り扱いの禁止と、②合理的配慮の提供義務が課せられることになったことをご存じでしょうか。

とくに公立学校では、この法律は画期的な変化をもたらしています。

「合理的配慮とは、障害のある人が、他の人と平等にすべての人権及び基本的自由を享有し、又は行使することを確保するための必要かつ適当な変更及び調整であって、特定の場合において必要とされるものであり、かつ、均衡を失した又は過度の負担を課さないものをいう」と定義されています。

合理的配慮は、障害者の権利に関する条約第24条第1項の目的である、（a）人間の潜在能力並びに尊厳及び自己の価値についての意識を十分に発達させ、並びに人権、基本的自由及び人間の多様性の尊重を強化すること。（b）障害者が、その人格、才能及び創造力並びに精神的及び身体的な能力をその可能な最大限度まで発達させること。（c）障害者が自由な社会に効果的に参加することを可能とすること。以上を促すことです。合理的配慮とは、これらの目的に合致するような視点で物事が検討されるべきとなっています。

つまり、すべての人の持てる力を発揮させ、尊厳や自己評価を十分に発達させるための理にかなった適切な変更と調整を企業が行うことは義務である、ということが法律で決められたのです。そしてこの障害の中に発達障害が含まれることになりました。

二次障害的新型うつとＡＳＤの印象は似ている

上司が部下の心の健康に気を配ることの重要性は、電通の社員の過労による自殺という痛ましい事件からも、おおいに意識されるようになりました。多くの企業で部下のメンタルヘルス対策について管理者の研修会が開かれています。

私も以前、社員のメンタルヘルス領域の実際を知るために、ある有名企業のメンタルヘルス対策に関する管理者研修に参加した経験があります。そこに掲げられたテーマは、あたりまえのことですが、社員のメンタルヘルス不調者が増えているという実態と、その結果としてのうつ病の問題でした。

しかし、そこで驚いたのは、「発達障害が疑われる社員の心のケアや対応」にはまったく話題が及ばないことでした。とくに管理者の関心が高かったのは「新型うつ」でした。仕事のストレスで陥ることの多いうつ病は、仕事熱心で、几帳面で責任感の強い人がなる心の病だと思われていました。「頑張って」と声をかけてはいけない、なぜなら、すでに十分「頑張って」いて、心に過剰な負担を感じる性格の人たちがなりやすいと言われていました。

しかし、２０００年代以降、新しいタイプといわれるうつ病が登場したのです。それが新型うつです。新型うつといわれるうつ病の特徴は、すべては他人のせいで、困難な状況から逃げてしまい、社会や組織のルールに反発し、職場に適応しない代わりに、職場以外の場ではまったく問題が見られないようなタイプです。

そして、問題はその新型うつの対応に悩む職場が増えていることなのです。この新型うつは「逃避型抑うつ、ディスチミア親和型」とも呼ばれていますが、その特徴をみると自閉症スペクトラム（ＡＳＤ）の人が適応に失敗し傷ついたときの反応の多くと非常に類似しています。新型うつはＡＳＤの二次障害とも考えられるのです。たとえば、ＡＳＤの人たちは「いけない」と書いてあること以外は「してよい」

と思っています。そして、自分の行動が他者からどのように映るかを考えることが苦手です。デジタルな思考なので、仕事は仕事、遊びは遊びと分けて考えることが容易なのです。「休んでいい」の「休み」は「休養」という限定された意味ととらず、「なにをしてもいい休み時間」のように理解（誤解）しているのかもしれません。

この「新型うつと自閉症スペクトラム（ＡＳＤ）の関係」はまだ明確になっていませんが、社員のメンタルヘルス対策の中に、自閉症スペクトラム（ＡＳＤ）かもしれないという発想があれば、その二次障害的なうつ病にも対応できる可能性があります。

メンタル不調をこじらせる前に

厚生労働省は、「周囲の同僚はわかっていた部下の不調に気づかなかった。あるいは部下の不調に気づいていながらなんら対応をしなかったというのでは管理者としての責任を追及される可能性があります」と、組織のリーダーたちに警鐘を鳴らしています。「気づくこと」「対応すること」が大切だと言っています。

部下が発達障害の特性を持っていて、職場に適応していくことや、仕事の進め方に困難を抱えているのに周囲が気づかない。同僚は彼らが一緒に働くことに困難を感じているのに気づかずにいる。これらも同じではないでしょうか。

そして部下に問題があることに気づいていても、問題の本質を理解していなければ、気づいたということにはなりません。もちろん、本質を理解せずに、間違った対応をしていることもあるのです。結果的に部下がメンタルヘルス不調に至ってから、そのことに気づくのでは遅いのです。そのことが社会に周知されてきた結果、早めの対処を行うように法律も語りはじめたのです。

合理的配慮の義務を定めたことはとても画期的ではありますが、神経発達の問題がその部下にあるとわかり、なんらかの合理的配慮の対象となるまでに、その部下はすでにメンタル不調を起こしていて、こじらせている場合が多いのも事実です。

私たちはみな、いずれかの認知様式を持っています。算数が得意な人もいれば、国語が得意な人がいるように、情報処理のかたちはそれぞれ少しずつ異なっています。

上司が「＊＊かな？」と思う部下たちは、はっきり異変と感じるレベルではありません。少しだけその特性を強く持っている人たちが多いのです。誰もが発達障害の枠に入るわけではありません。ただ気づきによって、各々のかたちに合ったやり方を上司や先輩から教えてもらったり、各々のかたちに合ったやり方で仕事を行うことができればよいだけなのだと思います。

部下の不調に気づき上司が合理的配慮に至る間に、メンタルヘルス不調に陥ってしまうような状況を変えなければなりません。気づきのところで上司も私たちも、もう少し工夫ができるのではないか。そんなことを提案したいと思っています。そして、その気づきと少しの工夫や配慮は、冒頭に挙げた例の中にあったような上司に叱責されても笑っているような部下たちに対しても、きっとよい働きがあると思うのです。

小学校から中学、高校へ……、そして就職

ここまで読まれた読者のみなさんは、「いま求められている上司」は、そっくりそのまま「いま求められている学校の先生の姿」ではないかと気づいた方がいらっ

しゃるかもしれません。それは大正解なのです。誰に対しても行き届いた配慮はユニバーサルデザインの話にも似ています。

これこそが宮尾益知先生や私が職場の問題について伝えたいことであり、伝えるべきものだと思う所以です。職場の気づきと配慮はそのまま発達と教育の考えと同じだからです。

さて、成人の発達の問題は往々にしてこじれます。たとえば、部下が職務を円滑に遂行することができず、うつ的症状に至るメンタル不調を起こした場合、発達の問題にあまり詳しくない精神科や心療内科を受診し、うつ病をターゲットにした抗うつ剤を処方されるだけというケースがあります。

また、職場のメンタルヘルス専門家に相談したにもかかわらず、やはり発達の問題にあまり詳しくないために、その部下の困難の度合いに合った適切なコンサルテーションをしてもらえない場合もあります。ただ「大変でしたね、つらいですね」と受容するだけで、すべて個人の人格の問題や自我機能、現実のとらえ方の偏りであるという考えを持った心療内科の心理士と会っているからこじれるのだという人もいます。

成人の発達の問題がこじれる原因として、それらは一理あるかもしれません。夫が自閉症スペクトラム（ＡＳＤ）かもしれないと妻が訴えるときも、自閉症スペクトラム（ＡＳＤ）が学校や職場でどのように表れるのか、一方で家庭という環境と、妻という対人関係の中でどのようなかたちで表れるのか。つまりどのような表現型をとるのか、どのような問題になってくるのかはそれぞれです。しかし、自閉症スペクトラム（ＡＳＤ）の基本構造を理解していない人には妻の不満だけに見えてしまい、どのように対処するかという方法論につながらないのです。

注意欠陥多動性障害（ＡＤＨＤ）であることに気づかず何十年も苦しんでいた人が医療機関を受診しても、具体的な症状を訴える際、「眠れない、仕事ができない、疲れてしまう」といった愁訴だけを話し、肝心の発達の問題に関する質問をお医者さんからされなかったために、結局、自分のつらさのなにを伝えたらよいかわからなかったという方もいるのです。

たとえば自閉症スペクトラム（ＡＳＤ）の方が、小学生のときはなにに困り、中学ではどのような課題があり、高校生のときにはどんな問題が起きて、大学生になったらどれくらいの困難感を持ったのかがわかっていなければ、就職した先の職場でなにどのように気をつければよいのかは見えてこないのではないでしょうか。それが見えてこなければ、職場もなにをどのように気をつければよいかわからないはずです。

それぞれの年齢でなにが起こるのか？ それを理解するためには小児の神経発達の問題や、学校に適応するために、どのような対処が必要とされてきたのかということから考えることはとても意味があります。そういう意味で、上司は先生（ジョウシセンセイ）になる必要があるということでもあるのです。

特性を持った子どもは特性にそって能力を伸ばす

ところで、ジョウシセンセイは「いま求められている学校の先生」であって、上司である彼らが小学校や中学校で経験してきたであろう「昔タイプの先生」と同じではない、ということはとても大切なことです。実際、「昔タイプの先生」はいま教室でとても困っています。

昨今、学校の現場でよく見られるのは、ベテランの先生の学級が崩壊してしまうことです。それにはさまざまな理由があるのでしょう。その理由の一つには発達障害の子どもたちをコントロールすることができないということがありました。コントロールとは指示や支配をするのではなく、理解と適切な対応です。そのことは、会社でメンタルヘルス不調の部下を出してしまう部署に置き換えることができるでしょう。

年配の先生の場合は、従来どおりの考え方で子どもたちを見てしまいがちです。一人ひとり違う発達の特性に対し、「できない子」「困った子」というラベルを貼ってしまうのです。これはなにも年配の先生に限ったことではありません。先生の中には、新しい情報への更新が難しい頑固な先生も数多くいるのです。逆に、発達障害の子どもについての新しい知識を柔軟にとらえることのできるベテランの先生たちもいます。

子どもたちを公平に、平等に接することを大切にする正義感の強い先生が、子どもを個としてとらえる考えに抵抗するケースも多いのです。特性を持っているようなタイプの子どもは昔からいたし、とくに色眼鏡で見ることはかわいそうだという公平な考え方です。

大学で教育学部の学生を教えていると、「子どもたちを、怠けているのか発達障害なのか現場では見極めるのは難しいだろう」、「他の生徒の手前どのような配慮をするのか。特別な配慮をするのはずるいのではないか」というジレンマをリフレクションシートに書いてくる、本当に熱心に教師をめざしている学生が何人もいます。しかし、発達障害について詳しく説明をしていくと、過去、実際に自分が育ってきた過程で、そのような困った（実は困っていた）同級生がいたことを思い出したり、アルバイトをしている塾にいる困った（実は困っている）生徒への気づきや理解が生まれます。そして、子どもたちの気持ちや、親の気持ちに共感するようになり、その子どもたちの困り感に寄り添った視点と発言が増えてくるのです。

実は同じサークルに困っている友人がいたこと、いつもその友人にイライラしていたことを思い出す学生や、自分も少し同じような特性を持っていると振り返る学生は少なくありません。「就職したらどうしたらいいでしょう?」と、質問してくる学生もいます。そして最後には、もしこれらの視点や知識がないまま教師になっていたらと考えると、とても恐ろしいとさえ言ってくれるのです。

つまり、特性の知識があれば、「もしかしたら、この困った人は（困っている人は）、特性の問題を持っているかもしれない」という気づきになり、そうだとすれば、起きている困りごとを違った目でとらえることができるようになると思うのです。理解のある人には気づきがあり、問題の本質が見えてきます。

教育において、発達障害と診断がなくても、疑いのある子どもたちを含め、発達障害と診断された子どもたちへの合理的配慮はとても重要です。本人の努力ではできないことがあることを受けとめ、一人ひとりの子どもの特性にそってできることを増やすこと、一人ひとりの能力を伸ばすことが大切ではないでしょうか。

組織も上司の役割を評価する必要がある

上司がジョウシセンセイになるためには、組織もその役割を認め評価する必要があるでしょう。

今後、部署のパフォーマンスを上げることだけが、上司の評価につながるのではないということを理解していく必要があるのかもしれません。部署の成績を長期的に見ることにあまり重きを置かれていないため、組織の中に不適応な部下が生まれるという悲劇がくり返されるのだと思います。

古典的なリーダーシップ理論に、日本の社会心理学者の三隅二不二（みすみ　じゅうじ／じふじ、１９２４年3月～２００２年5月。日本の心理学者）によるＰＭ理論があります。

三隅はリーダーシップのタイプを集団の目標を達成させるための目標を設定し、計画を立案し、メンバーを指揮する職務遂行機能（Performance）とメンバー間の情緒的な葛藤を解消し、人間関係を良好に保つ集団維持機能（Maintenance）の二次元の組み合わせで、組織を四つに類型化しました。大文字のＰＭ型は、そのどちらの機能も高いリーダーで成果も高く、理想的なリーダーのタイプとされます。小文字のｐｍ型はその反対で、目標設定や部下を引っ張る力も弱く集団もまとまらないもっとも不適格なリーダーです。

では、ＰＭ型の次によいのは、目標を掲げ部下を引っ張る力はあっても、集団の人間関係を良好にまとめることができないＰｍ型なのか。それとも、集団の人間関係を良好にまとめることはできるが、目標設定や部下のけん引力が弱いｐＭ型なのかというと、Ｐｍ型のほうが短期的には高い成果を残すものの、後者のほうが長期的には成果が高いと言われています。

つまり、短期的にみれば、Ｐが高いと達成度が高いので、すぐに成果を求められる現代ではＰ型の上司が評価されてしまうことは仕方のないことなのでしょう。しかし、長期的にはＭ機能が重要であることを企業も認識する必要があります。そして一人ひとりの社員の持てる能力を発揮させるために、上司のＭ機能、つまり素敵なジョウシセンセイを評価してあげる必要があるのです。

第3章

入社後すぐに気づく「部下の使えなさ」

一般常識が通じないという恐ろしい経験

有名企業のメンタルヘルス対策管理職研修会でとても驚いたことがありました。これまでの企業からすれば当然のことなのかもしれませんが、組織の中でメンタルヘルス不調者を出さないためには、「睡眠時間を重視する」ことや、「仕事の裁量を持たせ仕事に生きがいを見出す」ことが重要だと説明されたあとに、新型うつの問題にふれ、研修会の最後には、「どうすればそのような困った社員を入社試験で落とせるか」「どうしたら水際で入れないようにする」ことができるかという問題提起で終わったことでした。

これは企業の中に実際にある発想です。実際、企業は社員を採用する時点で選別できるのです。採用の時点で採用しないという選択ができたのです。そのため、自閉症スペクトラム（ASD）かもしれないという社員が配属された部署の責任者は、どうしてこんな人材を採用したのかと人事に怒りを覚えているケースもあるようです。なぜ採用のときにそのことを見抜けなかったのか。しっかり面接して選んでほしい。あるいは少しでも不安のある人材をなぜ自分の部署に配属させたのかと思うのです。

自閉症スペクトラム（ASD）の特性のある人は、時々、まったく理解不能な言動をすることがあります。または、よく聞くと理解することができない理由づけ（言い訳）をすることがあります。

自閉症スペクトラム（ASD）の人と一緒に働いたり、暮らしている人たちは、「普通私たちは○×と思うじゃないですか。でも、彼らがそうしないということは、きっとそんなことはどうでもいいと思っているんですよね。ありえないですよね」であったり、

「本人が○×だと言うなら、普通は私たちにとって△□という意味ですよね」など、彼らの考えている一般常識や共通認識がまったく異なることを経験することがあります。たとえば、重要書類をコピーしてはいけないという掲示をしていたら、プリンターでスキャンされたという話があります。コピーはいけないけど、スキャンはいいのだということです。

また、ミスをしても上司に報告せず、そのミスを指摘すると言い訳に終始したり、

隠すなど通常では「あり得ない」言動があるのです。そんなとき、その人の能力から倫理観、性格まですべてが信じられなくなりますし、信じてしまった自分を逆に疑ってしまうほどです。

自閉症スペクトラム（ＡＳＤ）ではないかと疑うのは、部下にそんな大きなちぐはぐさがあったときでしょう。そのときの反応がこちらの想定や状況にあまりにも不適合だからです。どんな失敗をしたのか彼らに指摘すると、無表情な顔や、キョトンとしていたり、まったく反応がなかったり、とにかく心外だというように驚き、悪気や悪意がなかったという態度になります。その態度に、自閉症スペクトラム（ＡＳＤ）の彼らにはなにか根本的なことが「通じない」恐ろしさを感じるのです。

部下が「使えない」四つの要素

職場で自閉症スペクトラム（ＡＳＤ）の人が問題になるのは、実際の仕事で「使えない」からであり、その「使えなさ」が常に彼ら自身を追いつめるのです。その使えなさは大きく分けて四つの要素に分けられます。

一つ目は一般常識や社会性の問題。二つ目は仕事ができないこと。三つ目はやる気がないこと。四つ目は体力が続かないこと。以上の四つです。もちろん、この四つは相互に関連しています。

部下の社会性の問題は仕事ができないことと同じくらい周囲を苦しめ、使えないという気持ちにさせます。遅刻や無断欠勤、約束を忘れる、決められた期日を平気で破る、書類を失くすなど、社会人としてあり得ない行動をします。また、上司や先輩に対するタメ口、横柄な態度、空気を読んで譲ったり敬ったりすることがない、ちょっとした配慮や心遣いができないこと。礼儀を失した言動や、反対にバカていねいで敬語の使い方がおかしいなど、状況にあった行動ができないこともあります。あるいは周りの目を気にしない自己中心的な行動などです。

仕事ができない＝仕事を覚えない

職場において部下が「使えない」という感覚を周囲に与えているもっとも大きな要素は、おそらく「仕事ができないこと」です。とくに新人が「仕事を覚えられない」ことです。具体的には指示の内容や目的が理解できず、指示に対して間違えた行動をします。なぜ指示が理解できないのか、なぜ仕事を覚えられないのかを見ていると、その覚える姿勢、聞く姿勢に問題があります。

まず、人の話をよく聞いていません。どこか上の空であったり、聞いているのかいないのかわからない様子でメモをとることもありません。メモをとるように言ってもとりたがりません。中にはメモをとっている人もいますが、要点がつかめていなかったり、内容を把握していないので、自分で読み返してもわからないでしょう。話の内容について「なにがわかったか言って確認してみて……」と尋ねても反応は薄く、答えることを躊躇するでしょう。

仕事を教えたとき、その部下がメモを一所懸命とり、要点をまとめ、質問ができれば、教えたほうはその部下の能力について安心します。しかし、教えたときに質問がでることはめったにありません。キョトンとした顔で聞いていることが多いでしょう。

もし質問がある場合も、内容に関連した適切な質問ではなく、与えられた仕事との関連性の低いものについてや、「もし、万が一」といったとても可能性の低い出来事が生じたときのことなど的はずれな質問をすることが多く、かえって理解していないことがわかってしまい、上司を不安にさせます。

これらは部署内の課題の内容がわかっていない、目標が共有されていないということになってしまいます。

安請け合いして信頼を失いミスを反省せず失敗をくり返す

質問も出ない代わり、自閉症スペクトラム（ＡＳＤ）を持った部下に「課題の内容についてわかりましたか？　大丈夫ですか？」と尋ねると「大丈夫です」と即答します。たとえその場ではそれを信じても、すぐにわかっていなかったことが明らかになります。それからはなににでも「はいはい」とか「わかりました」と簡単に答え、安請け合いをする部下の姿に上司は不信感を持つようになってしまいます。

仕事は当人が一人で苦労するだけではすみません。安請け合いをし、思い込みで仕事にとりかかってもまったく違うことをしていたことが期日ぎりぎりで発覚し、他の社員が総出で残業をして穴を埋めるといった多大な迷惑になることもあります。

そしてあり得ないようなミスをします。単純なミスであっても決してケアレスミスではなく、彼らの起こすミスは、その仕事のプロセスに必要な決定的なリスクとはあまり結びつかないようなどうでもいいミスであることが多いのです。どのように考えればそのミスが起こるのか、周囲が理解できないことがあります。

失敗に対してはいちおう自覚しますが、あまり反省の態度は示しません。「申し訳ありません」と言うだけか、あるいはまったく理屈になっていない言い訳をします。なかには逆ギレのように「そんなことは聞いていない」と口答えをしたり、他の社員の責任にします。また、上司の教え方が悪いと怒り出したり、突然泣き出す、プイッと立ち去るなど子どもじみた反応をします。

反省する態度がない場合は改善に結びつきません。自閉症スペクトラム(ASD)の特性を持った彼らが反省の姿勢を見せても、何度も同じミスをします。ときには、やり方を変えても同じような失敗をくり返します。二度三度と同じミスをくり返す彼らに対し、上司は部下のパーソナリティを疑い、同時に能力も疑うことになります。しかし、彼らは二度ならず何度もくり返すのです。

その部下がミスをくり返してしまうと、しだいにミスを隠蔽するようになります。

たとえ小さなミスでも部署全体に影響が及ぶのが仕事ですが、とくに影響が大きければ大きいほど彼らは隠します。もっと早く報告をしていれば被害が最小限で済んだことでも、発覚しなければよいかのように意図的に隠したり、本人のミスであるにもかかわらず、そのミスを認めなかったりするのです。そこで、上司は、彼らの能力ではなく社会性、すなわちパーソナリティになにか問題があるのではないかと疑いたくなるのです。

やる気がない？　誇大な自己評価をしてしまう

やる気のない部下も「使えない」と思われます。「言われたことしかしない」「帰ることしか考えていない」という仕事に前向きに取り組まない態度です。希望の部署に配属されなかったことに不満を抱え、配属された職場の仕事をまったく覚えようとしない人もいます。

遅刻が多く、周囲になじもうとしません。やる気がまったく見られず、いつも周囲に仕事のつまらなさや自分がその部署にいる人間ではない、自分の価値が正当に評価されていない、自分の価値を評価できない上司が悪い、といった誇大な自己評価を吹聴します。

突然休むことは常識がないと考えられ、会社の中で信用を失っていきます。いつも体調を崩していたり、元気がなく、やる気が見えない人もいます。

せっかく一所懸命、真面目に仕事を行い、上司から「頑張ってるね」と評価されている部下でも、仕事を抱え込むことが多いと結局本人を追いつめます。折にふれ、上司も「大丈夫か、休んでいいぞ」と声をかけ確認するのですが、本人がパターンのように「大丈夫です」と言うので、そのまま継続して仕事を与えていたら、突然会社を休んでしまい、結局は周囲が残業して処理するということになります。

仕事を抱えこみ、キャパシティを超えている人もいますが、よく見ていると、彼らはプライベートでエネルギーを使いはたしています。不摂生で睡眠や食事の自己管理ができていないなど、社会人としての資質を疑いたくなるときがあるのです。

これらのトラブルを起こしている人の中には、ミスやトラブルが起きてもまったく気にしていないように見える人もいるかもしれません。とはいえ、ここに挙げた「使えなさ」を露呈してしまったことで、ミスやトラブルを起こした彼らや彼女たち自身、「苦しく」「抑うつ」的になったり、職場から逃げたくなったりするでしょう。

これらの「使えなさ」を持っている人たちが、全員自閉症スペクトラム（ASD）特性を持っているということではありませんが、この「使えなさ」は自閉症スペクトラム（ASD）の特性が影響していると考えられるものを含んでいます。そうであれば、上司は彼らの特性に気づいたときに予防的に行動することが大切になってきます。そのためには、まず自閉症スペクトラム（ASD）の特性を理解し、問題に見える彼らの行動の意味を知ることが重要になってくるのです。

そもそもなぜ特性を見抜けないのか？

昨今の労働市場はかなり流動化しています。また、少子化への対応も急務です。そのような社会状況の中では、企業にとって優秀な人材の確保と定着の促進が重要な課題になってきます。就労人口の減少や急激な少子化という特殊事情の中にあるなら、企業としても、優秀な人材の確保は最優先されるのではないかと現場の社員たちは思うでしょう。

私は社会で適応している自閉症スペクトラム（ＡＳＤ）傾向のある男性の妻、そして夫婦をサポートする仕事もしていますが、妻たちの話から聞く夫の言動と、夫が社会で見せている姿が（基本的なところでは同じですが）非常に違うことにいつも驚きます。往々にして妻たちは、なぜ夫の自閉症スペクトラム（ＡＳＤ）特性を見抜けなかったのか、と自問自答します。

彼女たちの夫は、社会で適応して働いていますが、なかにはうつ病を患う時期があったり、自営業に転職したり、他人と働くことに対して課題を持っている人がいます。

夫婦の場合は恋愛というフィルターを通じて夫を理解するので、どうしても自閉症スペクトラム（ＡＳＤ）特性を見落としがちですが、自閉症スペクトラム（ＡＳＤ）に気づかないという点では夫婦間も会社の採用もその問題の構造は似ています。

しかし職場では、複数の客観的な視点で面接を行い人選しているのに、採用した部下にあまりにも一般常識に欠ける言動があると、優れた人材を選んでいるはずなのにどうしてそのことがわからないのだろう？　という人事への不満は出てくるでしょう。

ASDの人はハイスペックな新入社員

自閉症スペクトラム（ASD）傾向のある人の特徴は、成績がよく育ちもよく、真面目で素直ということです。彼らはなにに対しても真面目なので、目標があれば達成しようとします。おそらく就活セミナー等に熱心に通って、いかにエントリーシートを書くかなども研究したでしょう。また面接の練習をしていたかもしれません。

そのような彼らの特性を企業の人事が見抜けなかったのではなく、おそらく採用時には彼らのそのような真面目で一所懸命で純粋である点が、よりいっそう面接官に伝わったのかもしれません。

面接官は彼らの特性を見抜けないのではなく、むしろ融通の利かなさともとれる真面目な点を長所として、一つの個性として認めたのでしょう。しかも、自閉症スペクトラム（ASD）傾向があると考えられる男性はとてもハイスペックなのです。職場の環境に適合すれば、出世する人は珍しくありません（実はこの職場環境との適合が問題なのですが)。

宮尾益知先生とのチームで、自閉症スペクトラム(ASD)の子どもを持つ父親を集め、子育てや夫婦の問題についてディスカッションをする会を企画したことがあります。自閉症スペクトラム(ASD)の子どもを持つお父さんたちの中には、子どもたちと同じ自閉症スペクトラム(ASD)傾向があると思われるお父さんもいました。自閉症スペクトラム(ASD)を査定する質問表の結果では、彼らは該当する人と、臨床域には入らないものの準臨床群の結果を示していたのです。

彼らの妻から話を聞いてみると、実は家庭適応(夫や父親としての役割)に問題があると思われるお父さんや、極端な言動をするエピソードを持つお父さんもいて、自閉症スペクトラム(ASD)特性のあるお父さんと家族にも多くの問題があることが示されました。しかし、お父さんたちが家庭適応に問題があるという結果を見て、その会に参加した専門の医師や心理療法士などの専門家は驚きました。

「どのお父さんも、みなさんすばらしくいい人たちで、家庭での言動の特異さを職場ではおそらく誰も想像できないでしょう。会社の中ではとてもハイスペックなASD特性を持った男性を夫にしているケースが多いですね」

ということだったのです。

最近見聞したニュースによれば、これまでの人物重視の面接方式では、結局「使えない」社員が採用されてしまうので、企業の採用基準が人物重視から学歴重視の傾向に変化してきたと説明がなされていました。同時に、精神力や協調性、タテ社会に素早くなじむ社会性を考慮すると、やはり体育会系のサークルなどを経験した学生には常に安定した信頼感があるというのです。それほど、面接で採用したときと、実践の現場で部下の発揮する能力にはギャップがあるという状況なのでしょう。

しかし、さきほどの自閉症スペクトラム（ＡＳＤ）特性を持つ夫の例ではありませんが、家庭適応に問題はあっても、自閉症スペクトラム（ＡＳＤ）の特性を考えると、知的に高い自閉症スペクトラム（ＡＳＤ）の人たちは真面目に勉強し高学歴である割合が高いので、企業から選択されやすくなる可能性がより高いのです。

余談ですが、協調性や共感性、社会性が低い自閉症スペクトラム（ＡＳＤ）特性の人たちは、チームワークを重んじる体育会系サークルにはあまり所属していないと思われがちです。しかし、私たちが関わってきた自閉症スペクトラム（ＡＳＤ）特性の男性の中には、明確なルールがあり、サークル内での人間関係の規範も比較的はっきりしている体育会系サークルに居心地よく適応していた人たちが少なくないことも事実です。

第4章

不適応を予防するには移行期の学習が大事

表情や態度から状況や人の気持ちを察することが苦手

ＡＳＤの人たちの特徴として、他者の気持ちを推論すること、想像することの苦手さがあります。そして、もう一つ大きな不得意なことがあります。他者の気持ちをあたかも自分が感じるように、共感して理解するのが苦手だということです。他者の表情や態度から、そのときの状況や気持ちを察することが苦手なのです。そのため多くのデータベースから解釈して、人の感情や行動の意味を理解し、適切な反応や行動をパターン的に学習することが必要なのです。

しかし、こだわりの強さは、すでに学んできたパターンを手放しにくいということでもあります。ですからＡＳＤの人がもっとも困難な状況に直面するのは、データベースがまったくなく、パターン化する前の新しい環境なのです。その場合、『地球の歩き方』などのようなマニュアル化された解説書やガイドがなければ、その状況にまったくそぐわない逸脱した行動をとってしまうか、まったく動けなくなるかのどちらかなのです。

彼らの中には、自分自身が熟知した領域で真の専門家やエキスパートになる人も多いのですが、専門の領域でどんなに優れた人でも、ＡＳＤ特性を持っている人は学習していない領域に関しては驚くほど稚拙で苦手だったりします。

私が専門にしている「家族」「家庭」「夫婦」という関係性の中でも、ＡＳＤ特性の人たちにとって、当事者として学習する機会のなかった夫という立場はまったく未知であり、成人してから後も結婚するまでは学習する機会もないので、彼らの結婚後の言動は家庭内で大きな問題になっているのです。夫婦にとってのターニングポイントは、恋人から夫、妻という関係になるときです。そして、まったく未知の領域の父親や母親になる移行期に問題が起こります。

ＡＳＤの子どもにとっても、進級するときに毎回危機が訪れます。職場適応もまったく同じです。彼らの問題は移行期の学習の問題なのです。つまり、どんなに優れた人材でも、移行期の学習がなされなければ能力のアウトプットができなくなり、反対に移行期の学習さえできれば、存分に能力を発揮できるようになります。

私たちの想定より早い段階で「わからなさ」が始まる

移行期の学習について考えてみます。

ＡＳＤの特徴は、他者の気持ちをわかることが苦手であること。そしてこだわりにあります。それは想像することが苦手と言い換えることもできます。相手がどんな状況で、なにに注目し、どんな意図でそれを言っているのか。それらを推論することが苦手であり、自分のやり方に固執し、方法がわからないので変化することができないのです。

たとえばこんなことです。パターンへの固執は、小さいときによく見られます。自閉症の特性の重い子どもは、同じ道順でなければ泣き出し、必ずマンホールの上を通るなどくり返し同じ行動をとることがあります。

しかし、そこまで重くない、いわゆるグレーゾーンの子どもでも、一度間違って覚えた漢字を修正することができない小学生や、算数の問題を解くとき、先生の教えたとおりの答え方しか正しくないと主張する頑固な小学生には同じパターンへの固執が見られます。

5年生になったのだからそろそろ計算の途中は暗算で進めてもよいのに、一つひとつくり上がりの数字を筆算式に書きながら計算をする子どももがいます。もちろん情報処理に無駄に時間がかかり、そのため成績が伸びず、そのことをいくら親が指摘しても「先生からそう習った」からと受け付けません。

ＡＳＤの子どもの中には、いつまでも「敬語が使えない」という問題を持つ子どもがいます。先生に対してもタメ口で、いくら先生や親が注意しても直りません。ときには手を出してしまう父親にも友だちと同じように話します。

同じように、社員の中にも高学歴で育ちもいいのに、上司に対して「うん、うん」と答える人がいます。反対に、「サザエさん」に出てくるタラちゃんのように、周囲にバカていねいな人もいますが、それよりも上司へのタメ口のほうが問題が大きくなります。これらも、ＡＳＤ特性の彼らはいったん入力したパターンを変更できない（しにくい）ということを示しています。彼らに悪気はまったくないのです。

同じようなことはほかにもあります、カーナビがもっとも近いルートや混雑を避ける道を示していても、一度覚えてしまった遠回りの道を運転することに固執します。夜寝る時間がきっちり決まっていたり、古びたカバンを捨てられなかったり、細かい生活習慣を絶対に曲げられない人が多いのです。

ある企業のトップだった男性は、就寝前に台所をチェックし、蛇口の角度が違うと妻に小言を言っていたという例もあります。また、ある病院の薬剤師は、受付の女性に非常に効率の悪い自分なりのやり方を指示していましたが、あまりの待ち時間の長さにお客さんからクレームがきました。クレームに応対しなければならない受付の女性は、少し効率のよいやり方をしてしのぎましたが、薬剤師はそれを見とがめ、「なぜ自分の指示どおりにやらないのだ」と責めたのです。

受付の女性が仕事を辞めたいと言いだし、その薬局の経営者は初めて部下の薬剤師がそのように効率の悪い指示を出して周囲が困っていたことを知ったのです。そして、その点を厳しく注意すると、薬剤師は無断欠勤を続けてしまいました。

周囲のやりにくさは、その人がパターンに固執するときに生じます。また、パターンからはずれたときになにをすべきなのか。ＡＳＤの人たちはそのときの状況から考えることや「文脈」を読むことに弱いという特徴があります。しかし、これは逆に考えるならば、パターン化されていれば多少困難なこともやりとげるという意味でもあります。行動したいと思えるような、よいパターンをいかに構成するかなのです。

ＡＳＤの人たちは相手の意図を汲みとったり、想定される結果をみずから想像することが苦手ということでもあります。なにをしてよいかわからなくなったとき、これはどういう意味なんだろう？　自分はなにを求められているのだろう？　彼らは状況（その中には、相手の表情など非言語的な要素がたくさん含まれています）から類推することが苦手です。そのことは、通常の社会生活において、コミュニケーションの質的障害となっています。

その場の状況を読むことや、他人の表情などから、そのときの会話で言われている本当の意味を推論すること、自分に要求されているものはなになのか？　それはどのようにしたらよいのか？　そのとおりにならなかったらどうすればよいのか？　わからないことは誰に尋ねればよいのか？　はたして聞いてよいのか？　ＡＳＤの人たちはそれらがわからず途方にくれているということです。

文脈を理解することが苦手ということは、ＡＳＤの人たちの問題の中心といってもいいでしょう。ＡＳＤの人たちはなじみがない、見知らぬ場所や新しい環境が苦手です。彼らの苦手なことはそれに尽きると言ってもよいのです。そのことさえ上司や経営者が最初に思い起こせば、彼らの問題はほぼ解決したとも言えるのです。

そして、ＡＳＤの人たちにとって、「どうしていいかわからなくなった時点」は、私たちが想定しているよりももっと早い時点で起きています。私たちと一緒に新しい仕事を始めることになり、新しい環境の中に入った彼らは、私たちが思っているよりももっと基本的な段階や次元で「わからなさ」を感じているのです。

頭の中に選択肢を設定し、成功体験を積み重ねる

ＡＳＤかもしれない人と話していると、「え、そこからわからなかったの?」と、その人の常識を疑ってしまうのはそのためです。

たとえば、ある会社の新入社員の女性は、専門的知識があることで採用されたのですが、上司を含む顧客との接待の席で、女子力が高すぎると思われる、肌の露出が多く体形を強調する服装をしてきました。その場に不釣り合いなファッションに驚いた周囲と距離が生まれてしまったのです。そういうケースも常識を疑われてし

まうことになります。

うつ病と診断された研修医と面接していたときのことです。研修医には、過剰な仕事量と労働時間と、不慣れなことに対する重圧や不安感で相当なストレスがかかります。ASDの人はなおさら大変です。

その研修医の言動からはASDの特性が強く疑われました。考え方にもプロセスにもこだわりが強く、周囲とのコミュニケーションにも問題があり、家族からも職場でも孤立していたのです。そして、彼の失敗体験を彼自身が述べた言葉が印象的でした。

「初めからなにを求められているのかわからず、求められていることを聞くこともできませんでした。聞くと迷惑そうだったり、とにかくいやな感じでした。聞きたかったのは部長です。それ以外の人には聞きたくなかった。ほかの人たちは敵です。でも部長は忙しく僕は相手にされない。状況がよくわからなかったために大きな失敗をしました。そのとき、部長から、『君のミスはアイスコーヒーをオーダーしたのに、チョコレートパフェを持ってきたようなことだ』と言われました」

彼はその一件で、決定的に信用を失ってしまったのです。

彼らはいくつかある選択肢の中から、状況に合ったものを選択することが苦手です。そもそも、なじみのない状況の中では、当然想定しておくべき選択肢を思いついていないのです。その思いつくべき選択肢を、過去、上司や仲間たちから教えてもらっていて、頭の中に入力され、頭の中にあるいくつかの選択肢の中から一つを選び、次にまた同じ経路で頭の中に入れておいた選択肢の中からあるものを選び、それをくり返して正解にたどり着き、成功体験をすることが大事なのです。何度かその回路をくり返し、パターンをつくるというイメージです。

パターンができるまで、選択肢になる考え方やアイディアを頭の中に入力しなければなりません。そして、選択肢から選びながら成功体験を積み重ねていく必要があるのです。

新しい環境の中で頼りになるのはその場所の責任者

学生時代にはなんとか周囲に適応してきても、職場はまったく新しい環境です。新しい環境の中で、初めて社会に出てきた部下である彼らはなにをどこから考えていいのかまったくわからなくなっています。

経営者や上司は、新人とはいえ、これまでの学生生活で学校という社会に適応してきたのだから、それを基礎にして社会人としてスタートしているというイメージがあるでしょう。しかし、違います。新しく職場にやってきたＡＳＤの部下たちは、上司から言われたことをすることが得意なのです。ですから、専門職がよいのはそのためなのです。ただし、初めての場所で、初めての仕事を初めて人と一緒に進めるということはやはり不得意です。

ＡＳＤの彼らの中に起きていることは、それまで自分が学生時代を通じて、社会に出てくるまでの積み重ねのうえにある自分ではありません。社会に対して異質感を持っています。まったく初めての外国のような異質な土地で言葉も話せず、その土地のことやり方をなにも知らない状態なのです。そして、顔はその土地の人たちと同じ顔をしている……。彼らにとってはとても恐ろしい経験だと言ってよいでしょう。

そのとき頼りになるのは、そんな路頭に迷いつつある自分を理解し、常に親切なガイドとなり、環境を調整してくれる責任者の存在なのです。それが学校では担任の先生であり、職場では上司です。ＡＳＤの特性を持つ人は未知のこと、想定外のことに対しはずし方が大きいため、早い段階で、先輩や同期からは軽蔑され孤立していきます。だからこそ、責任ある上司が最初にそのことを理解することが鍵になります。

ＡＳＤの特性を持つ彼らの話は、部分的には正しくても、自分は悪くないという被害的で一方的な内容に聞こえることがあります。彼らの話をじっくり聞いていくと、情報量の少なさと蒙昧な考えからくる本人なりの思考が見えてきます。まずは話を聞いてみなければ彼らがどこでつまずいているのかがわかりません。

放置しておくことはもっともいけないことです。そのままにしておくと、言動が修正されないまま、どんどん失敗が重なっていくのです。

担任の教師も上司もルールであり審判と思う

右も左もわからない世界で、自分一人の孤独と戦っていたＡＳＤ傾向の人にとって、ガイドをしてくれる担任や上司の存在はとても大きいものです。しかも重要なことはガイド役をしてくれる人物が、メンタルヘルス対策をしている人事や保健スタッフではだめなのです。

彼らにとっての安心は、所属する部署を統括している人が、彼の「困り感」を心から理解し考えてくれることなのです。その安心が得られるかどうかは彼らの死活問題です。それがあってこそ、その後の情報を受け止められるようになります。

まったく知らないその環境で、ＡＳＤ傾向のある人が途方に暮れているとき、直属の上司がそれを温かく理解してくれる場合だけ、実は彼はまったく違う「世界」からきた人間であるという悩みを打ち明けることができるのです。直属の上司でなければ、彼は警戒しフリーズし閉じこもってしまうでしょう。その意味でも上司は先生モデルだといえるでしょう。

ＡＳＤ傾向の彼らは、どんなに周囲に適応していると思われる人でも、学校や会社の中で役割を重視してきました。それぞれの役割は、自分になにをしてくれるかというスペックが明確だから重視してきたのです。

自分がどんな態度をとっても、その役割の人はその担っている役割を遂行してくれると思っています。逆に役割を遂行してくれないとＡＳＤの彼は怒ります。「警察官も人間だから」とか、「先生も人間です」などの表現を嫌うのです。それぞれの人々の役割もルールととらえることで、彼らの不安は解消されます。学校の担任の先生は教室の中のすべてを担っています。教室における担任はルールであり、審判でもあります。そのようにルール化された存在を上司にも求めているのです。

たとえば次のような例です。

ＡＳＤ傾向が疑われるＡさん（男性）が、同期のＢさん（男性）からしつこく飲みに誘われたり、廊下で突然声をかけられたり、からまれるのでとても迷惑しているということを上司に訴えました。

入社以来、Ａさんはあまり人付き合いに積極的ではなく、帰宅時に机のすべての引き出しにしっかりと鍵をかけて帰るので、部署の中でも少し浮いた存在になっています。その職場では書類は基本的に共有するもので、他の人も必要であれば彼の書類を探せるように、誰も自分の机に鍵をかけていなかったからです。

Ａさんはいつも表情が硬く、周囲の人たちもＡさんがなにを考えているかわからないと言うようになりました。お昼休みには、一人でどこかに行ってしまい、休憩時間に誰かと雑談をすることもありません。今後の適応が危ぶまれるので上司は別の部署に配属されたAさんの同期のBさんに、Aさんに声をかけてくれるように頼んだのです。

Bさんはとても明るく、体育会系なので声が大きいところがありますが、仕事もできる好青年です。上司からみれば、Bさんのほうがよほど仕事もできるし、コミュニケーションもとれて優秀です。どうして自分の部署にAさんが配属され、隣の部署にBさんが配属されたのかと人事課に不満を持っています。上司はAさんの訴えに、

「B君は優しい男だからキミのために声をかけているんじゃないかな。からまれるというのも気の持ちようだと思うよ。そんなふうに考えたらB君が気の毒だよ」

と、言いました。ASDの人たちの話を聞いていると、自分の「困り感」を上司に訴えたとき、上司の「えっ?」と驚いたような否定的な表情を瞬時に察するように思います。

自分（Aさん）ではなく、他者（Bさん）を優先させる答えがAさんをフリーズさせました。その人が自分の「困り感」を理解する姿勢があるかどうか、つまりその人は自分の味方になってくれるかどうかを瞬時に判断します。そして、そうではな

いと判断すると、その後上司の言うことを聞くことはありません。だからこそ、最初に「困り感」を訴えられたときに、その部署の上司が味方になってくれることが大切なのです。

不安を解決するのはコミュニケーション

厚生労働省は、メンタルヘルスケアの具体的進め方として、職場環境等の把握と改善を挙げています。具体的には、

「労働者の心の健康には、作業環境、作業方法、労働者の心身の疲労の回復を図るための施設及び設備等、職場生活で必要となる施設及び設備等、労働時間、仕事の量と質、パワーハラスメントやセクシュアルハラスメント等職場内のハラスメントを含む職場の人間関係、職場の組織及び人事労務管理体制、職場の文化や風土等の職場環境等が影響を与えるものであり、職場レイアウト、作業方法、コミュニケーション、職場組織の改善などを通じた職場環境等の改善は、労働者の心の健康の保持増進に効果的であるとされている」

とあります。とにかくなんでも詰め込んだという印象でしょう。「その人が属する職場の環境」を構成する要素のすべてを列挙してあるのです。このようなデジタルな列挙は、ＡＳＤの人の考え方に似ています。しかし職場のレイアウトとハラスメントを含む人間関係は人に与える影響力が違うでしょう。職場のストレスの第一位はいつも職場の人間関係なのです。

ＡＳＤの彼らはコミュニケーションがとても苦手です。しかし、どんなに異なる立場や異なる意見があっても、それを乗り越えるのはコミュニケーションしかありません。コミュニケーションが可能であること、お互いがコミュニケーションを軸に開かれている人間関係であることが問題解決の基本ではないでしょうか。

上司がコミュニケーションの部分で開かれている存在であることが、部下の立場の人たちを安心させます。まして、ＡＳＤ傾向の部下は、わかってくれる人にしか話をしないのです。

第5章

ＡＳＤの部下は叱られることが大嫌い

ＡＳＤ傾向の人たちが上司から叱責されたときの行動

Ｃさんは度重なる失敗を上司に指摘されていました。何度も同じことで失敗するので、上司も少し強めにミスを指摘したのです。それでも、上司は少しだけ我慢をして、指摘の内容は、Ｃさんが改善したらよい点を中心に見直すように伝えました。そのとき、Ｃさんは表情も変えず上司の話を聞き、そのままなにも言わずぷいっと会社を出て行ってしまいました。その失礼な態度に、周囲もあきれてしまいました。

このような行動はＡＳＤ傾向の人たちの中では子どものころから見られます。

ＡＳＤと診断された中学生は、クラスメイトとの喧嘩を先生に注意され、突発的に教室から逃げ出し、その際に転んで骨折してしまいました。たしかに教師の叱り方に問題がある場合もありますが、そのときの教師の対応は適切な範囲内でした。

骨折して入院したその生徒の様子は、先生を恨むわけでも、とくに大変なことをしてしまったという認識もありませんでした。教室から飛び出したときは、「もうだめだ。先生から逃げよう」という短絡的なものだったのです。

この男子生徒の行動は、ＡＳＤの傾向のある人たちが持っている、叱責に対する反応を代表しています。妻から、子育てについてもっとかかわってほしいと言われ、唐突にマンションから飛び出した夫や、家出をした人もいます。彼らはもうだめだと思い、ただその場から逃げたくなるのです。彼らはなぜそんなに叱られることが嫌なのでしょう。

「語用論」が苦手ではっきり言わなければわからない

発達心理学の分野では、言語の発達の前に、子どもたちは親の表情や視線から多くの情報を得ていることがすでにわかっています。

生後数日の子どもでも、人の顔らしきものに興味を示してじっと見つめることをします。顔の輪郭への興味から、しばらくすると目や口へと視線が動いていきます。目や口はたくさんの情報量を持っています。まだ言葉の出ないゼロ歳児でも、母親の表情でいまいるところが危ないことがわかり、ハイハイを止めることがあります。

ここは安全なのか？　ここで遊んでいいのか？　小さい子どもは状況がわからな

いとき、自分にとって重要な他者の表情や視線など、言葉に頼らない非言語的情報から判断するのです。ところがＡＳＤの人はその部分が弱いと言われているのです。たとえば、ＡＳＤの人は自分の声の大きさに気づきにくく、電車の中の会話の声が異常に大きいことがあります。また、得意先を商談で訪ねたとき、同行している上司から見ると思いのほか余計なことを言ってしまうこともあります。そんなとき相手が声を小さくしてみたり、「君ちょっと声大きいよ」とか「それいま言わなくていい！」ということを上司が部下に目でサインを送っても、ただじろじろ見られて不快に思うだけで、その意図がわからないのです。

また、多くの言葉は直接的でない言葉で表現されます。言葉がそのままの意味ではなく、状況によって使う人の意図をそれとなく伝達しているのです。「言葉」と「言葉を用いる人」と「そのときの状況（文脈）」との関係について研究された言語学の分野を語用論と言います。たとえば、「大丈夫？」という声かけも、イントネーションや表情、その状況に至った経緯を重ねることで、心から相手を心配しているニュアンスにもなりますが、「そんなことをやっていて、キミは信頼できる人間なの？」という、こちらの心配と評価を表現している言葉とも読めます。

私たちは、そのように、間接的に意図を伝えることでコミュニケーションを円滑にしています。たとえば誰かが「この部屋寒いですね」と言えば、エアコンのスイッチに近い人は「エアコンのスイッチをオンにして」と、言われなくても自然と確認するように動くでしょう。

ＡＳＤの子どもがお母さんに「お風呂を見てきて」と言われ、本当に見ただけという例は、ＡＳＤの人がこの語用論が苦手であることを示しています。タバコを吸いたい人が、隣でタバコを吸っている人に「ライターありますか？」と尋ねれば、ライターを持っていなくてもマッチを持っていれば、「マッチならあります」とマッチを差し出すでしょう。「いや、僕はライターと言ったのでマッチはいりません」と答える人はほぼいません。

さすがに就職まで至ったＡＳＤの人は、マッチは持っているが、「ライターはありますか？」と聞かれたときに「ライターはないです」と答えるような間違いをすることはありませんが、ライターを持っているか否かではなく、相手がタバコに火をつけたいのだとわからなければ、大きくはずれる受け答えをする可能性がおおいにあるのです。

ＡＳＤの人たちは、そもそも情報を関連づけすることなく、デジタル的な発想で頭の中にファイルしています。

そして、それらの情報を編集するための「想像力」がありません。つまり、相手はタバコに火をつけたいのだという文脈を理解できないので、仕事の流れの中で、上司は「この仕事をするためには、この書類があれば当然あの書類も一連の流れでチェックするだろう」とあたりまえに思っていても、「その書類のチェックは言われていなかった」ということが起きるのです。「はっきり言ってくれないとわからない」とＡＳＤの人たちは言います。つまりＡＳＤの人たちの情報源は言語情報が中心になっているのです。

不文律の事柄は叱責でないと明言して合理的に説明する

たとえば、新入社員のＤさんは、始業時間の9時に間に合うぎりぎりに出社し（よく遅刻します）、5時ピッタリに帰るのですが、いつも昼休みには5分ほど早く離席し、5分から10分程度遅れて自分の席にもどってきます。その程度のことで、同僚も上司も文句を言いたくはないのですが、それが時々ではなく、毎日判で押したような行動なので、いずれ注意をしなくてはならないと周囲の社員は葛藤しているのです。

多くの社員はいくら残業ゼロを目標にしていても5時ピッタリには帰りません。朝も比較的早く出社しています。昼休みも毎回Dさんのような目立った行動はありません。しかし、どのようにDさんに話をするのか、このような微妙な問題は少なからず神経をつかいます。５時に帰ってはいけないとは、言ってはいけないのです。Dさんに合理的な説明ができなければDさんには不満が残るからです。

なぜなら、その部署の誰もが昼休みに長い休憩をする場合もあります。少々時間を前倒しにして昼休みをとることもあります。もちろん遅刻することもあれば、先に帰ることもあります。しかし、たいていの人は暗黙の了解、許容範囲のうちでやっているのです。暗黙の了解や許容範囲は社内規定には書いていないことです。

ＡＳＤの人たちには、こういった明文化されていない暗黙の決め事のようなことがとても苦手です。不文律な事柄をことさら伝え、教えなければならない部下に出会ったとき、私たちは彼らに常識がないと感じます。つまり、はっきり物事を伝えなくてはならなくなったときは、その時点ですでにあまり良好な状況ではなくなっているのです。

どのような問題でも、私はＡＳＤの人たちに心から納得してもらうこと、つまり合理的な道筋で説明することを心がけています。そうすれば１００パーセントわかってくれると確信しているからです。それはすぐにではないかもしれません。はじめのうちは無反応かもしれません。しかし、説明を続ければ納得してくれます。

ただし、そのためには私たちの話が彼らへの叱責でないことを最初に明言しておく必要があります。私はあなたの味方であること、これから話すことは批判ではないこと、感情ではなく情報を伝えていること。そして、その情報の内容はそのＡＳＤの彼らにとって「得」になるのだということが伝わっていなければなりません。

彼らが得る情報の入力は言語が中心なので、それを伝える上司がＡＳＤの人たちの味方になって話すことは、上司、ひいては会社にとっても重要な問題であり、せっかくの人材を育成するためには不可欠なことなのです。

前述のＤさんの場合は「昼休みは12時から13時の間」と思っているのではと思いました。そこで、Ｄさんにその件を尋ねると、「そうです」とうなずきます。Ｄさんがそう思っているわけですから、12時から13時まですべてを休憩に使っていることを咎められても、Dさんには受け入れがたく怒りがわいてくるのです。その場合には、再度、合理的に説明をしなくてはなりません。

「Dさんは以前、そういうふうに言われたのですから間違ってはいないのだけれど、仕事の準備をしたりする時間を考えると、休めるのは結局正味45分くらいになるかもしれません。実際の労働基準法も45分になっています。きっとDさんの上司はそのことを知っているかなと少し心配になっているかもしれません。だから今度からお昼の休憩は45分と思ったらちょうどよくなるのでは?」

実際、労働基準法では、「休憩時間付与義務」として、「使用者は、労働者に対して、労働時間が6時間を超え8時間以内の場合は少なくとも45分、8時間を超える場合は少なくとも1時間の休憩時間を労働時間の途中に与える義務を負う（労働基準法34条1項）」となっています。

「そうですか。それを最初に言ってください……」と言って、Dさんは納得してくれました。ASDの人たちは納得すれば素直に受け入れることができます。

はっきり言うことも大事だが、言い方も大切

「はっきり言わなければわからない」はＡＳＤの人たちへの対応としてほぼ周知されています。たしかにＡＳＤの人たちは文脈から推論するのが苦手なので、そのとおりなのです。しかし、言い方も上手にしないと逆効果であることが、職場や家庭で頻繁に起きています。

私たちは誰でもミスや欠点を指摘されるとかなり傷つきます。スカートにクリーニング店のタグがついていることに夕方になって気づいたとき、そのくらいのことであれば誰も教えてくれない世の中だと嘆くよりも、そっと指摘しないでくれたことに感謝するような時代でもあります。他人に失敗を指摘されると、その失敗は社会的なものになります。社会的なものになったときが失敗になった瞬間なのです。

ＡＳＤの人たちにとって言葉は情報源の中心というだけで、はっきりとミスや欠点を言葉で言われることはやはり嫌なことなのです。むしろＡＳＤでない人よりもずっと嫌だと言えるでしょう。彼らは周囲の状況を読むことが苦手なので、教えて

もらったり指摘されなければわからないことはたくさんあります。

しかし、そのわかっていないことを指摘されるとき、彼らにとって失敗が成立する瞬間でもあります。そのとき、上司がイライラしていたり、怖い顔をしていたり、大きな声で一方的な言い方をしてしまうと、せっかくの先輩のアドバイスも、ただできていないことを指摘されたとしか受けとらず、被害者意識が芽生えるのです。そして失敗の指摘は、改善のためのアドバイスであっても人格を全否定されたかのように受けとってしまうのです。

ＡＳＤの部下は全体像を理解してから仕事を始める

彼らの問題のほとんどは移行期、つまり学生から社会人になるときや部署や仕事内容が変わるときにしっかり目標や手順などの情報が入っていないことから発生します。彼らの失敗は、習慣化した動作の慣れからくるうっかりミスではなく、習慣化するまでの学習にあると考えられています。

仕事にはＰＤＣＡが必要だと言われています。すなわち、「PLAN＝計画する」、

「DO＝行動する」、「CHECK＝確認する」、「ACTION＝改善する」です。ＡＳＤの人たちは、これらの中のCHECK＝確認する、ACTION＝改善する、が苦手です。彼らがうまくいっている（「DO＝行動」）ときはうまくっているのですから問題はありません。しかし、彼らの行動がうまくいくためには、事前の「PLAN＝計画する」の段階が重要です。そこで少々無理に見える計画を立ててしまうと、彼らは動かなくなってしまいます。なぜなら、彼らはうまくいかないかもしれないという見通しでは動けません。勝算がないことには動けないのです。

たとえば、ＡＳＤ傾向のあるお父さんが成績の悪い息子のために塾代を出し渋ることがありました。ピアニストになるほど技術のない娘さんのピアノのお稽古に意味がないと思っているのです。まったく勝算がないと見えてしまうと、それらのことに支出することができないのです。さらに付け加えると、うまくいっていない状況をよくするための「お得」な改善案に対してはよい反応を示すのですが、失敗の修正にはまったくやる気がなくなるのです。

そのため、ＡＳＤの人たちは、まず成功させるための「PLAN＝計画する」をしっかり確認する必要があるのです。その中には、周囲とのコミュニケーションのやり方や途中で計画が変更されるということなども含まれているとよいでしょう。

そこが正確にＡＳＤの人たちに把握されていないと、仮に途中で計画が失敗しそうになっても、その失敗に気づきにくい特性を持っているので、途中からの修正がきかず、その結果必ず失敗することになります。ＡＳＤの人たちは目標を持って行動を起こしますが、チェック機能が弱いのです。最初に正しいルートを示し、彼らに理解されていないと、一度失敗してもまたいくつかある違った失敗ルートを通って失敗に向かってしまうのです。

なにを求められているのか（目標や期日などの課題の理解）、責任の所在の理解（どの部分を任されているのか、誰になにを報告し、確認すればよいのか）、どのような方法と手順ですべきなのか（必要事項や工程の理解と優先順位の決定）、結果の予測と検証などが理解できていれば、少々計画がそれても修正処理ができるようになります。

もちろん、誰でもこれらを理解していれば失敗する確率は低くなります。これらの情報や工程がわかっていないとき、私たちはどのようにしてその情報を得るのでしょうか。おそらくメモをとり、仕事の最初に確認し、途中わからないことを何度か先輩や上司に聞き、小さな失敗を修正し、全体像が把握できるようになります。そして、経験を経ることによって、仕事の過程でもチェックができるようになりミスはなくなっていきます。それは誰にとっても同じことなのですが、ＡＳＤ傾向の人は途中の気づきが苦手なので、最初の「PLAN＝計画する」の部分をとくに徹底的に理解してもらう必要があります。

ＡＳＤ傾向のある人は、仕事の全体像をつかみにくく、全体像をつかむまでに大きな失敗をしがちです。全体像を理解していないことが多く、個々の情報間の関係を類推することが苦手なので、仕事で失敗したときのはずし方も大きくなるのです。

ＡＳＤの人たちは類推や思い込みでは動かない

ＡＳＤの人は仕事が意図していない結果になってしまったことを自分のせいだということがどうしても納得できません。

最初に仕事の目標や内容……、つまり仕事の概要、要件、手順、優先順位、期日、コミュニケーションすべき相手など、詳細がわかっていないときには失敗が起こりやすくなりますが、それらの全体像がわからないときになにを知っていればよいのかが、彼らには理解できないのです。

彼らの「使えなさ」と感じられる物事の中の一つの、「言われたことしかしない」ということもそうなのです。なにをわかれば全体が問題なく進むか、そのポイントがわからないので、その結果「言われたことしかしない」という行動になってしまうのです。反対に、一を聞いて十を知るという人は、思い込みや類推で仕事を処理しがちなのも事実ではないでしょうか。

しかし、ＡＳＤの彼らは類推で処理することはできず、ただ目前に新しい壁が立ち上がると、その場に立ち止まったりまったく違うことを考えてしまったりするのです。

そこで重要なことは、仕事の進め方がわからなくなったとき、誰に聞けばよいのか、予測していなかった突発的な出来事が生じたとき、どのように対処するのかを事前に伝えておくことです。彼らが突発的できごとや変更を含め理解していれば、問題は大きくそれていくことはなくなるのです。

彼らが仕事の進めた方をわからなくなったとき、彼らが相談する上司は、相談に訪れた彼らを叱責する人ではありません。具体的な行動を伝える人です。上司が失敗を許さない姿勢でいるとコミュニケーションは閉じられていくのです。

どうでもいい質問をくり返してくるＡＳＤの部下

小学校の授業を観たことのある人は、先生の使う言語情報の多くが指示や指摘の言葉だということがわかるでしょう。「～してはいけません」ではなく「～しましょう」という肯定的表現を使うことを心がけている先生もいますが、しかし、ルールは状況によって解釈や運用が異なるのが常です。

「もし○○のとき××なら△△しましょう」という「○○」と「××」に入れることのできる言葉は無数にあります。もちろん、小学校に行動を規定する約款《やっかん》のようなものもありません。

常に周囲にいるメンバーと状況が目まぐるしく変わる学校では、同級生たちがしてはいけない逸脱行為を見つけたとき、ＡＳＤの特性の強い子どもが「先生がだめって言っていたから」というシンプルで未熟な理由で先生に同級生たちの逸脱行為を

言いつけることがよくあります。また、

「先生、○○のときはどうしたらいいんですか？」

小学校低学年では、思いつくかぎりの条件を質問して先生を困らせる「質問魔くん」たちもたくさんいます。そうやって間違う可能性のある選択肢を一つひとつつぶして正解を学習し安心していくのですが、それもまた非常に効率が悪く、先生からもよい印象を持たれません。

部下の中にはこのレベルで質問をしてくる社員もいます。また、誰もが当然わかっているだろうと思うような常識的なことも、物事の関連づけが苦手な彼らは、「もしかしたら違うことをしているのではないか？」という不安に襲われることがありますす。その場合、迷う理由がまったくわからないレベルのことを確認してくることもあります。それは、「なんでも質問して」と言うと、どんな質問でも本当にしてくる部下がいる理由の一つです。そのときはまだ彼らの中に、行動の指針になるデータベースが少なく、推論の手がかりがないので情報に意味づけができないのです。そのため、ついつい一つひとつ上司に聞いてしまうのです。彼らがうまく作業のパターンを見つけるまでは少し我慢が必要なのです。

ＡＳＤの部下は物まね情報の蓄積で言動を学んでいく

しかし、ＡＳＤ傾向のある人たちの中でも、グレーゾーンにいる人たちは、表立ってそのような基本的な質問や幼稚な言動はしません。高校、大学を無難に過ごせた人たちからその秘訣を聞いてみましょう。

彼らは勉強やアルバイ先で自分はどう振る舞ったらよいのかを学ぶとき、二つの方法で行うように思われています。

一つは望ましい人物の言動をまるごとコピーすることです。彼らは好きなお笑い芸人の仕草をよく真似します。あるいは誰から見てもすごい人の真似をすることがあります。もう一つの方法は、「もし○○なら××」という手続きをたくさん学ぶことです。彼らは能力が高いので、デジタル的にデータベースをどんどん増やし、データベース化された情報の中から、さらに状況に適したパターンを見出すことができるのです。

「もし○○なら××」という条件と行為と結果の知識を「手続き的知識」と言いま

す。

手続き的知識は「If Then形式」で記憶されます。複雑に変化する状況に柔軟に対応するためには、この条件と行為と結果に関するデータベースがある一定量以上必要になります。しかし、彼らは想像することや先行きを見通すことが苦手なので、一つだけのIf Thenを知っていても、実際に過去に遭遇した場面と、目前に起きている状況を関連づけたり、類推することも苦手なのです。

ＡＳＤの彼らにとっては、なによりも成功体験が必要です。いま目の前で起きている物事に対して、自分にはなにが求められているのか？　そこで起こした行動が正解になり、その正解がくり返されるとその後は自動的に同じような状況で行動できるようになっていくのです。

ここで注意すべき点は、自分の経験であっても、失敗し、叱られた経験が学習されるかといえば、それはかえって遠回りになるか、まったくその行動をしなくなることが非常に多いのです。失敗して叱られた経験は、責任は他者にあると思っているＡＳＤ傾向の彼らには、主体的に関わっているという思いがないので失敗からは正解に結びつかないのです。

注意されたことは失敗のデータベースに入らない

たとえばＡＳＤ傾向の部下に、「声が大きい」ことを指摘したとします。その部下に目くばせをしてもそれは伝わりません。ちょっと困ったなという態度からも読みとってくれません。しかし、上司から、言葉で「声が大きい」と指摘されたらどんなことが起きるでしょう。

私の想像では、そのときからそのＡＳＤの部下はピタリとなにも発言しなくなるのではないかと思います。もしくは「はい。すいません」と言いつつ実際にはなにも変わらないかもしれません。次から適度な声の大きさになるかというと、それはあまり期待できません。

「声が大きい」と指摘するのは上司か妻くらいです。妻が指摘したらどうなるでしょうか。「声が大きい」は自分にとっては大きくないので、「大きくない」ですし、「大きい声を出さないで」という指摘をしても、自分は意図的に声を大きく出しているわけではないので、「大きな声を出してない」ということになります。

失敗体験は改善への積み重ねにはなっていきません。しかし、相手に対するデータベースにはなります。彼らは「失敗……」と思っていないので、妻や上司を自分の行為を不当に「失敗として攻撃してくる相手」というカテゴリーに入れてしまいます。

自分を攻撃してくる人は敵になるのです。敵の言うことなど聞く必要はありません。それが上司であれば、「上司は部下のメンタルケアを義務づけられているのに」とか「上司とは部下の質問に答えて導くべき人なのに」と、むしろ上司の態度を職務怠慢のように感じるでしょう。それほど攻撃的でなくても、敵になった上司にはもう頼れなくなり、さらに孤立してしまうのです。

他者の失敗を観察して学習するＡＳＤの部下

それではＡＳＤの彼らはどのようにして、どのようなデータをデータベース化しているのでしょうか。

彼らは、「○○なら」という条件に対して「××する」行動の間違ったデータベースを作成する場合、自分は傷つかず同僚や同級生の失敗体験から多くを学びます。クラスで友だちが先生に「間違っている」と指摘されている場面や、叱られている場面を観察することで失敗のデータを獲得します。これは観察学習という学習法です。自分が実際に行為をしていなくても、同じ立場の人が罰を受けたり、ほめられたりすることで、その行為を習得するのです。

適応のよいＡＳＤの人たちは観察学習が得意です。ＡＳＤの子どもたちは、社会性を学ぶ途中で、自分の行動をコントロールする力はまだないのに、他の子どもの失敗を大きな声で指摘したり、先生に告げ口をしたりします。それは、彼らが他者からどのように見られているかという、自分の行動をチェックする自分の視点（メタ認知）の獲得が非ＡＳＤの子どもよりも遅いからなのですが、同時に、いかに他者の行為をよく見ているかということでもあります。

職場でも同じようなことが起きているかもしれません。自分もできていないのに、他人の失敗をあげつらうという人がいるのではないでしょうか。

教師や上司の指示が理解できて、評価されることが明らかなら、ＡＳＤ傾向のある人は迅速に行動しようとするでしょう。しかし、指示がよく伝わらないときや、むしろなにが評価されるのかを見極めるときには、同じ身分や立場の他者の行動から理解していきます。

職場では、仕事が停滞し上司が解決しなければならないレベルの物事のほかにも、同僚レベルで起こる問題も多く存在します。仕事で成功しているＡＳＤ傾向のある人物が、「昔から同級生や同期からはなぜか自分はいつも嫉妬される（なぜなら自分が優れているから）。でも上司には評価される」という自己認識がよく見られるのも、同じ身分や立場の他者と共感や協調するよりも、ライバルとして同僚たちを見ていることが関係していると考えられます。

失敗してはいけないが、失敗にならなければいい

とくに、他者の失敗を反面教師にしがちなので、他者を批判的に「上から目線」で見ていることがあります。自分ができていなくても、「あいつらはバカだ」とか、「レベルが低いのよ」ととらえていることがよくあります。ＡＳＤの彼らにとって、自分がそのような見下した人たちと同じ失敗をしないようにすることは重要なこと

です。

あるASDの小学生は、休み時間に友だちと遊ぼうとしませんでした。その理由を聞いてみると、「遊ぶと喧嘩になって、喧嘩になるとぶたれて痛いし、ぶち返したら先生に叱られて損をするから」という答えが返ってきました。

彼らにとって、一度でも失敗すると「失敗した人」というブラックなカテゴリーの中に入れられてしまい、「失敗しない人」というカテゴリーにはもう入ることができないという決定的な意味を持っています。一度の失敗でも、人格を否定されたかのように思い込み、極端な発想になってしまうことがあります。

しかし、誰もが常に成功をくり返すことはほぼ困難です。ASDの彼らにとっても、やがていずれかの時点で失敗を犯すでしょう。彼らの失敗が発覚したときには、当然、評価は下がります。その際には、その事実を受け止めなければなりません。また、失敗の事態の大きさ、相手や取引先の被害を知り、心から申し訳ないと反省したり、二度とくり返さないことを誓い、対応を考えなければなりません。

しかし、ASDの人たちは、その発覚から逃げようとします。また、彼らにとっては「失敗したという事実の発覚」が問題なのではなく、あくまでも周囲からの評価が問題なのです。ですから、なかには誰が聞いてもわかるウソをついたり、その失敗のことそのものを「知らない」と言いはったりする人もいます。

１００点という評価のためにカンニングすることがありますが、失敗が発覚しなければ失敗にはならない。指摘されなければ失敗にならない。そうして、彼らの中では、失敗にならなければそれでいいというところがあるのです。

コミュニケーションが苦手な彼らにとって、他者からのアドバイスもあまりよい意味を持っていません。彼らにとって第三者からなにかアドバイスをされること自体、自分が失敗してしまったという証拠であり、他者からのアドバイスは、「自分の間違いを指摘される嫌な行動」としてとらえてしまうのです。彼らの失敗に対する対応のプロセスからは、失敗を認めたくないという思いを理解することができます。

細かい表情の変化に気づかないＡＳＤの部下たち

他者の表情が読めないことも、ＡＳＤ傾向の人の困難と関係があります。叱られることが嫌いなことも、他者の表情が読めないことも実は関連があると思われます。私たちは情報の70パーセントを視覚的な非言語的な情報に頼っていると言われています。その中でも、とくに顔の表情や視線はその人の意図を知るためには大きな意味を持つ情報です。

実は、ＡＳＤの人たちはあまり表情が豊かではありません。柔和な顔立ちをした人が比較的多いので、誰もが不快な表情はしていません。しかし、写真を撮ると笑顔はありません。相手の表情から情報を読みとることが苦手なので、自分の表情にも意識が低いのです。

たとえば、疲れて帰宅する途中、無表情で考えごとをしていて、得意先の人にばったり出くわしたとき、あまりにも普段の自分の営業スマイルと表情が違っているだろうと思い、恥ずかしかったことが一度や二度あるのではないでしょうか。

しかし、ＡＳＤの人には、他者から見られているときの顔と、見られているという意識がないときの顔の違いがあまりありません。

ＡＳＤの人たちは表情を読むことが苦手と言いますが、もちろんまったく表情の意味がわからないわけではありません。視線の動きや微妙な表情の表れ方や変化から、相手の気持ちを汲みとることが苦手なのです。言い換えれば、喜んでいる、泣いている、怒っているというはっきりした感情はよくわかり、気づき、伝わります。

ＡＳＤ傾向の部下に上司が「どうしてそんなにいつも怒っているんですか？」と言われることがあります。それは、怒っているといった強い上司の感情ばかり受けとり、その中にある微細な感情の変化を読みとることができないのです。その上司がいつも怒っているわけではないのです。

ＡＳＤの部下たちが孤立していく過程……

表情が読めないことは、そのまま職場の適応に直結します。

職場はタテ社会です。そのうえ学校の教室のような集団の中の一人として環境に適応していくだけでよいわけではありません。多くの場合、職場に新人は一人しか配属されず、上司から個人的に仕事の進め方を教えてもらわなければなにもわかりません。

そして、周囲の先輩社員や上司は新しく配属されてきた新人の能力を評価しはじめます。新入社員や新しく配属になった部下にとっては、周囲の状況を観察し、ゆっくり学習する時間も参考にするモデルもないにもかかわらず、上司や先輩社員に対する適切な反応がすぐに必要になるのです。

１９８０年代の調査ですが、子どもを対象に、相手の表情を見分ける力、自分と他者の状況を理解する力、この二つをテストし、仲間の中での人気度を調べた研究があります。その結果はとても示唆に富むものでした。

相手の表情を読みとる力が弱い子どもは、相手の反応がよくわからないために、相手の反応から、いま自分は相手にとって不快なことをしているということがわかりません。その結果、同じ行為を続けてしまい、相手からしだいに嫌われてしまいます。

同じようなことがＡＳＤの人にも当てはまります。パワハラの問題や職場のメンタルケアが重視されている職場では、上司や先輩社員はお互いていねいに接します。もちろん新しく配属された部下にもていねいに接する傾向があるでしょう。とくに新人のときはなおさら気をつかわれます。

しかし、新しく配属された部下や新入社員の言動が周囲から少しだけ浮いていたら、上司や先輩社員からは表情や仕草で新人の部下たちに対し気をつかったサインが発せられるでしょう。そのような言葉で表すことのできない不文律の決めごとは「察してほしい」という方法で伝達されるので、そのちょっとした上司や先輩の表情を読む必要があるのです。そこで、そのサインを見落とし、困った行動をしつづけてしまうと、職場でも上司や同僚から嫌われてしまいます。

本人にはまったく自覚がないのですが、それをくり返した結果、周囲が自分を嫌っているという状況がいきなり訪れることになり、やがて部下や新人たちは被害感や怒りでいっぱいになるでしょう。

また、多少相手の表情は理解できても、相手と自分の状況を理解することが苦手な人は、周囲から無視される傾向があります。表情がわかっても状況や文脈がわからないので、自分のどのような行為が相手のその反応と結びつくのかがわからないため、自分が相手に対して働きかけをしたとき、相手が気づかなかったりすると、なぜ無視されたのか考え込むようになります。そこで、少しでも相手が自分に対していやなそぶりを見せると、自分は嫌われていると考え、悩み、その場を恐れ、それ以上相手にかかわろうとする努力をやめてしまうのです。

相手にかかわろうとしない態度が、周囲から見ると、相手を避けているようにも思われてしまい、結局は孤立してしまうのです。後者の場合は、本人なりの努力をしているので、孤独感が強くなりますが、やはり理不尽さを感じて怒りでいっぱいになるのです。実は、ＡＳＤの人たちが職場で孤立するときにはそのようなことが起きているのです。

喜ばれることが好きなＡＳＤの人の落とし穴

ＡＳＤの特性の人はとても真面目で素直です。その仕事に意味を見出すことができ、迷いがない場合は、非常に優れた社員になります。ＡＳＤ特性の人が会社の中で仕事に適応するなどの成功例の多くは、優れたモデルになります。

彼らは人を判断する場合、人格や人間性というあいまいなものよりも、学歴や偏差値、業績や年収、順位や地位やタイトルなど数値そのものか数値化できる指標を信頼します。あるいは人気があるなどのカリスマ性にも注目します。なんらかの突出して優れた人に目を向けがちです。

カリスマ的な上司がいると、その人を信奉しその人の行動様式をコピーするようになります。「残業１００時間はあたりまえ、徹夜の連続であのプロジェクトを受注した」などといった極端な武勇伝をコピーすることもあります。そのような武勇伝を持つ名物上司を理想化してしまい、本人はまったくタイプが違うので周囲の同僚が真似することをやめるように言っても、無理を続けたりします。「長男が生まれたときも俺は飲んでいた」などの武勇伝を聞くと、妻の出産時にも立ち会わないのが仕事のできる男だなどと思い込み、悪びれもせず同じことをしたりします。

また、「毎日飲んで終電だ。土日はゴルフで奥さんは泣いている」といった上司の話を聞くと、奥さんを泣かせることが当然のことだと思ってしまいます。「上司に誘われたら断るな」という昔のサラリーマンの出世術をいまだに教訓にしているある男性は、カリスマ上司が飲みに行くと何軒も付き合い最後まで一緒にいるので、飲み会とはそういうものだと思い込み、妻が熱を出して苦しんでいるときも帰ってきません。

そこまではなくても、そういうものだと入力されてしまうと、「断らない」のです。注がれたお酒は必ず飲み干すものだと思い込んでいる人もいます。飲みすぎるために、家族が体調を心配しても決して説得には応じません。酩酊して帰宅し、家族に暴言を浴びせるなどの迷惑をかけても、酒席を断らないと決めています。それはおそらく、断らないほうがいいのか、断っても大丈夫なのかの判断がつきにくいからでもありますが、断らないことで相手に喜ばれるからです。

日ごろ、コミュニケーションが苦手なＡＳＤの人が、お酒を飲んで相手に喜ばれると楽しくなってしまうことも、飲みすぎてしまう理由です。ＡＳＤの人は相手から喜ばれるととてもうれしくなります。年配の上司はとくに断らない社員が大好きなので、喜ばれるとますます断らない人になってしまうのです。

このような人たちは、誰も頼んでいないのにみずから進んで仕事を引き受け、なにも断らず同期をしりめに嬉々として仕事に邁進しているように見えますが、この過剰適応も上司は見極める必要があります。たしかに、中にはそのままカリスマ上司に気に入られて出世していくタイプもいます。しかし無理な誘いを断らないために、仕事を抱え込み、睡眠時間もなくなり、体調を崩すことにもなります。ＡＳＤの人の多くには睡眠障害があります。

そして突然会社を休んでしまったり、遅刻をしたりミスを犯し、これまで信奉していたカリスマ上司から評価されなくなるということも多々あるのです。

彼らは自己管理が苦手です。好きな仕事に没頭すると疲れに気づくことが遅くなります。没頭しているときには、食事を摂っていなかったり、トイレにいくことを忘れていることもあります。息をすることすら忘れているのではないかということもあるくらいです。それは疲労や尿意、空腹感など、内部感覚への気づきが弱いからなのです。

優れた上司をそのままコピーするＡＳＤの部下

カリスマ上司は周囲からも評価されており、ＡＳＤの人にとって魅力的なモデルです。上司至上主義になっていて、上司の資質と合っていれば、ＡＳＤの人たちがカリスマ上司を真似することであまり失敗は起こらないでしょう。

しかし、自分と異質なタイプの上司の言動をコピーしようとする彼らの短絡的な模倣は、やはり社会性のなさに映ります。カリスマ上司に対しては尊敬し理想化するので、こびているように見えることにもなるでしょう。反対に、周囲に対しては

〝虎の威を借る狐〟と映り、横柄であったり他者を見下したりするからです。

また、上司が部下の話をまったく聞かない厳しい態度で接するのを身近に見て、ＡＳＤの彼らは、上司とはそういうものだと思い込み、彼らが上司になったときは、同じように部下に接してしまう可能性があります。

上司は、自分たちの時代とは価値観が異なる社会の変化や、それぞれの段階で周囲の人々との関係が変化していること、自分が気をつけてきたこと、その時々の自分の行動の意味や目的をていねいに説明してあげなければなりません。そうすることがＡＳＤの彼らを育てることになるのです。部下がＡＳＤと思ったら、部署の問題を生んでいるのは自分なのかもしれません。

ＡＳＤの部下の言い訳をしっかり聞いてみる

ジグソーパズルのパーツのすべてが埋まっていない段階では、パーツとパーツの関連性はよくわかりません。当然、ＡＳＤの彼らはその次に考えなければならないことが思いつかず、とんでもない勘違いをすることがあります。作業の方向性を大きくはずのです。

あるＡＳＤ傾向のあるベテランの女性社員は、自分がいかに会社の中で生き抜いてきたかを語ってくれました。彼女は次のように語ってくれました。

「やはりあいまいな指示がわかりにくいです。作業の内容を確認したいのに、上司の『ああ……、そこねぇ……。適当にやってくださいね』と言う言葉の意図がわからないのです。そのような抽象的な指示は誰にとっても難しいから仕方ないかもしれません。また、上司にしてみれば、あなたはそこでいつも間違えてしまうので、もううんざりだ、いいかげんにしてほしいという意味なのかもしれません」

と言っていました。その中で、彼女は常に二つの可能性を考え、上司の意見を聞くようにしたのだと言いました。そして、必ず上司に二つのうちのどちらなのかを確認するのです。その確認は相手を不安にさせることになりましたが、それまでの失敗の多くは、自分の思い違いが関係しているとわかっていたのです。彼女にとって、それまでの思い違いは、彼女に指示した上司の説明不足か誤解をまねくような遠回しな言い方であることが原因と思ったのでした。

彼女は状況の理解が苦手なので、自分が上司の指示を誤解して理解していた原因を上司に伝えなければ、また同じような言い方をされ、以前と同じように仕事の進め方がわからなくなると考えていました。ですから、上司に対して、どうして上司の指示どおりにできなかったのか、その言い訳をすることで、彼女は自分の取り扱いの仕方を上司に説明しているのです。

自分にとって、正確に理解できる情報のかたちを明確にしてもらいたかったのです。その行為は、職場の人たちからみれば「言い訳」そのものに見えました。おそらく上司も初めはカチンときていたでしょう。しかし、彼女の表裏のない人柄と言い訳の説明が合理的であったことが上司の理解につながりました。その結果、上司は彼女の扱い方にも慣れ、彼女への指示の言葉を修正し、ミスはどんどんなくなりました。また、彼女の説明のわかりやすさも評価されていきました。ＡＳＤの人がわかる言葉や方法で伝える。難しいようですが、そのためにもまずは彼らの言い訳に耳を傾けてみることも重要なのです。

ＡＳＤの部下に仕事の依頼をする場合はどうしたらいいでしょうか。笑っている、怒っている、悲しんでいるなどはっきりしたもの以外の空気を読むことは苦手ですから、あいまいな表情ではＡＳＤの彼らに情報が伝わりません。逆に、厳しい物言いや喜怒哀楽がはっきりしたものは彼らにその行為のみ強い印象を持たせ、結果的に情報が伝わらないことがあるので気をつけたほうがよいでしょう。

また、抑揚のある感情的な言い方に意味を持たせても、感情を読むことが苦手な彼らには情報が伝わりにくいものです。そのようなとき、上司はただ淡々と話すのがよいのです。厳しい表情や大げさな笑顔もいりません。エモーショナルにならず、してほしいことを言葉で情報として必要なことをだけを伝えます。さらに、言葉の情報だけに頼るので、話す内容の正確さはとても重要になります。そこで、文字情報を同時に提示することは大きなサポートになります。

「被害感」や「怒り」として噴出するASD部下の「困り感」

相手の感情をあまり害することなく、物事のルールや取り決めを理解してしまえば、確実に仕事を行い、自分自身をしっかり説明できるASD特性を持った人は、少々変わっている人と思われながらも、信用されて重用されるようになります。

ただし、このような自己分析と上司への説明が上手にできるASDの人ばかりではありません。なぜできなかったのかの言い訳が支離滅裂で、ちょっと話を聞いただけでは理解不能に感じられることもあります。

ASDの部下に、「なにか困っていること」はないですか？　と上司が尋ねても、「困っている」というカタチでは「べつに困っていない」ので、その場でASDの部下は「困っていません」と答えます。「なにか希望はありますか？」と上司が聞いても、「とくにありません」と言うでしょう。

この「困っている」という言葉は、彼らの内部に、「なにか問題がありますか？」すなわち、彼ら自身の中に「弱いもの」「劣るもの」が存在していますか？　という意味として認識しているケースがあります。ですから、「あなたはなにか困っていますか？」と、上司にそう尋ねられたことを、「あなたの心は弱くて、困っているのではないですか？」と否定的に受けとることがあります。しかし、「もう少し仕事がこう変わるといいなと思うことはありますか？」と、リクエスト形式に言い方を変えると、彼らから具体的に困っていることがたくさん出てくることがあります。実は、仕事の中で、「先輩社員の説明が不親切できつい言い方をするので、怒りがこみ上げるんです。やめてもらいたい」とか、「会社に行きたくなくなることがあります！」など、仕事上で変えてほしいことをリクエスト形式にするだけで、彼らの言葉には、強い否定の表現が含まれてくることもよくあります。

さて、そのように、リクエスト形式でＡＳＤの彼らの話を聞いていると、自分の「困り感」としての「困ったこと」は話に出てきません。出てくるのは、仕事相手への不満や一緒に仕事をしている同僚との問題が噴出してきます。自分に理解できる方法で先輩が情報を伝えてこないので仕事がうまくいかないなど、不親切で表裏がある同僚や先輩に対する怒りや批判が表出することがあるでしょう。

もちろん、そのように言われた周囲の社員の態度は、「あいつは社会性に欠けている」、「何度もミスをくり返し、それを人のせいにする自己中心的な人間だ」となり、職場の雰囲気には緊張感が生まれ、人間関係がこじれてしまうことがあります。

そのような事態になったときほとんどの上司がとる行動は、周囲の社員の態度について、彼らの態度の「意味」をＡＳＤの部下本人に説明してあげようとすることです。上司としては、まず問題を起こしているのは当の「あなた」であり、「あなた」への反応として生じている他の社員の感情を説明したくなるのです。

そして、お互いの感情的な対立をなくそうとするため、他の社員は「あなたを嫌っていない」、「わざと不親切にしているのではない」ということをＡＳＤの部下に説明し、いま以上に親和的な態度になってほしいと思って語りかけるのです。

そのとき、上司には同僚や先輩の肩を持つという気持ちはないかもしれません。しかし、そのアプローチはＡＳＤの部下たちを傷つけ、この上司は同僚や先輩の味方であり、なにも話せないと思わせてしまいます。

そのような場合は、ＡＳＤの部下から怒りの理由を聞きとることです。彼らには彼らなりの理由があります。不満から困っていることを聞こうとする上司の行動がなければ、ＡＳＤの部下は上司の言うことを聞かなくなります。同僚や先輩社員、そしてＡＳＤの部下からの話を聞き情報を集めたうえで、具体的な改善の方法を検討し対処することが重要で、それしか解決の方法はありません。

職場で必要な細かな具体的支援はどこまで必要？

ＡＳＤの部下の「使えなさ」の原因として、一つ目は社会性の問題、二つ目は仕事ができないこと、三つ目はやる気がないこと、四つ目は体力が続かないことと述べました。職場におけるＡＳＤの部下への支援とは、職場というシステムにどんな役割のメンバーとして位置づけるかにかかっています。その場合、まず初めにシステムを成り立たせている会社の構成要素をＡＳＤの部下に学習してもらうことが必要だといえます。

社会性はシステムにとって必要な規範やルールです。当然、仕事はそのシステムの上に成り立っています。やる気や体力に加えて、目標を設定するときに仕事の意義を理解し、また、定期的に休憩をとるなど、自分自身の環境を整える必要があります。これもシステム化できるものです。この四つに対する対応をＡＳＤの部下が理解していない場合、部署内にばらばらなことが起きてしまうのです。

それではこの四つのシステム化を前提に、どのようにＡＳＤの部下の支援をしたらよいのでしょうか。

職場で第一に大切なことは社会性です。まず身体や髪などが清潔であること。また、その場にふさわしい適切な服装であることが必要です。遅刻をしない、あいさつをする、敬語を使うなども明文化されていませんが常識です。これら明文化されていないことをしっかり伝えていくことが支援の第一歩になります。

とはいえ、明文化されていないことを言語化して伝えることは、ＡＳＤの彼らにショックを与えるということも忘れてはなりません。彼らは言われて初めて、自分がどの程度常識からはずれていたかに気づくからです。

ですから、そのアドバイスはもしかすると攻撃されたと勘違いされてしまうことがあります。だからこそ、最初に信頼できる上司や先輩がよいモデルになることが大切なのです。つまり、自分がＡＳＤの部下にどのような配慮をしているかを伝えるなどして、なんでも部下から相談してもらえるようにすることが大切です。

いままでＡＳＤの部下たちの行ってきた言動は、気づかされることがなかったのです。また、他者から具体的な言葉での情報提供がなかったので、他の選択肢を思いつかなかったのです。しかし、ＡＳＤの部下たちは彼らなりに最善の努力を行いながらも、気づきや多くの選択肢を得ることなく過ごしてきたのだととらえ、彼らの言葉や言い訳の中に、彼らが大切に考えていることがあるのだということを理解していきましょう。そして、いま気づいたことがとてもよかったことなのだとポジティブに説明します。

あいさつをする、タメ口をきかないなど最低限の社会性を保てるようになったら、社内の規定を守るように具体的に伝えます。遅刻をしないなど、社内の決められた規則を守ること。また、仕事場での報告、連絡、相談を誰にどのように行うかを正確に具体的に伝えます。

工程表で図示しながら仕事の内容を教えて指示する

次に、ＡＳＤの部下に仕事の内容を教える場合には、いつごろ、どのくらいの時間で作業を行うかということを、上司と部下は一緒に工程表などを見ながらともに考え、感じることを共有し、二人で仕事をすることをくり返します。

実地を通し、体験することによりＡＳＤの部下は仕事をこなすようになります。一緒に仕事をする際には、工程表などで図示し、ていねいで正確な言葉で説明をしてから、工程の順序がなぜそうなっているか説明します。

仕事の内容にもよりますが、ひと区切りしたところでそれまでの仕事を振り返り、もう一度行えば身についています。これらをくり返し復習し、部下の仕事が達成されていることをほめ、新しい仕事や工程に進みます。マニュアルを渡すだけでなく、一緒に体験しながら仕事の内容を教えていくことが大切です。

また、仕事を教えるだけではなくどのように手を抜くか、休むかも話しておきます。2〜3時間ごとのトイレタイムや、昼食をどこで食べるか。ASDの人にとって、同僚や上司とともに話しながら食事をすることは大変な困難を伴うので、みんなと一緒にいても端にいて話を聞きながら食べる方法や、違う種類の食べ物をオーダーして、みんなと違うエリアで食事をする方法など細かく正確に教えてあげるとよいでしょう。

会社の同僚や上司と仕事外で付き合うことが苦手な人は男性にも増えています。アフター5での誘いを受けても苦痛を感じることを認めてあげましょう。

仕事のスケジュール管理は、Googleカレンダーなどのスケジュール管理アプリを使い、リマインダーを設定し、社内のスタッフと共通の予定にすると進行遅れなども防げます。部下が予定を忘れそうになっていれば教えてあげることができます。上司や同僚から指示など受けたらアプリにメモをする習慣も必要です。

考え方を整理するためにはマインドマップで自分の考えていることや思いを書き出すことをお勧めします。ポストイットに考えていることを書いて並べ、マインドマップに貼り付けていきます。マインドマップは中央にテーマを書き、木の枝のように放射状に単語を書いていくノート術です。細かいことは考えなくていいので、紙とボールペンを用意し、紙の真ん中に「私の頭の中」とでも書いて、ひたすら思いつくままその周りに枝を伸ばして頭に浮かんだ単語を書いていきます。関連性のあることは囲み、自分にとっての重要度などで色分けすれば完璧です。気持ちの整理ができ、仕事に向かう際の心の負担感が軽減されます。

このように、現代には、部下が仕事をするうえで、ミスを少なくし、作業の進捗などがわかりやすくなる方法がさまざまあります。同僚や上司は、新人社員や部下にこれまでの自分の考え方を押しつけるのではなく、新しい方法や手段などを一緒に考えるようなスタンスをとるとよいのではないでしょうか。

ＡＳＤの人たちとともに働く職場の雰囲気は、ほんのちょっとしたことで一変することがあります。仕事を教えるときの言葉の選び方や使い方、言い方や表現の正確さによって部下との良好な関係が生まれます。そのようにして創造性の高い組織を築き、発達障害から起こるうつ病などの二次障害が職場からなくなるようにすることが、本当に優れたリーダーシップと言えるのではないでしょうか。

定期的なヒアリングをあたりまえにする

職場の環境をよくするには、ＡＳＤの人たちの立場からまず話を聞いてあげようとか、特性の可能性を思い出してみようというちょっとしたことが鍵になります。しかし、そのちょっとしたことは、神経発達の特徴をこれまでよりもう少し理解すること。そして、カウンセリングマインドを持つということだとも言い換えることができます。それは、実はカウンセラーになるための勉強の過程と同じなのです。

ですから、〝言うは易し〟ですが決して簡単なことではありません。あまりにも大変なことを上司に期待しすぎているとも言えます。「言うのは簡単そうだけど実は難しい」とか、「なんとなくわかったけど実際は難しいよ……」と思われるのではないでしょうか。

そのために、ＡＳＤの可能性のある人と話すとき、組織に心理士（発達の問題がよくわかる人がいいですが）がいたら、一緒に話を聞いてもらうなど、ぜひ、上手に付き合ってほしいと思います。そのためには、そのような機会が誰に対しても自然であるという設定が必要です。たとえば、２０１４年から公立小中学校では、カウンセラーによる児童生徒の全員面接が行われ、カウンセラーが気になる児童生徒に気づく機会と児童生徒が自然にカウンセラーと出会うきっかけがつくられています。定期的なヒアリングが通常のプロセス（あたりまえ）であるような設定が重要でしょう。

そして、特性をよく理解した心理士に上手に話を聞き出してもらい、解説してもらうことで、上司の部下とのかかわり方のコツを学んでもらうことも一つのやり方です。そして、大切なことはその部下の最大の理解者はあくまでも上司だということです。

第6章

女性の社員がアスペルガーだと思ったら

男性は許されても女性は許されないつらさ

ＡＳＤの特性が仕事や生活に影響を与えていると考えられる場合でも、男性と女性とではその様相は異なります。

神経発達の問題が一人ひとり違うのは、各人の特性の強さや個人の知的能力などの生得的な要因、さらに、家族（母親や父親）との関係や学校の中での先生や友人との関係など、環境的要因が千差万別に異なっているからです。ＡＳＤの特性の人たちを早期発見し、早期介入することが大切と言われる理由は、早い段階で適切にかかわることによって、大人になったときの生活の質が大きく違ってくるからなのです。そして、男女の差は生得的な要因の一つです。しかし、生得的な性差だけではなく、それ以上に社会の文化や環境の影響を大きく受けます。

文化とは母親をはじめとする家族や学校といった環境の要因です。環境の要因が与える影響は男女によって異なるのです。ＡＳＤの特性を持っている女性は、ＡＳＤの特性を持っている男性より社会には適応できるのですが、往々にして男性なら許されることでも、女性には許されないことはどの社会にもたくさんあります。とくに日本はその傾向が強い社会と言えるでしょう。男性が重い荷物を持っている女性に手を差しのべなくても、社交的な場で話が得意でなくても許容される社会ですが、女性の場合、気働きがなく、ガールズトークに入れないと学校生活からしてうまくいきません。

女性の場合、男性よりもある程度社会に適応できてしまうからこそ、女性は悩みます。仕事はできるのですから、いっそのこと職場での仲間同士のかかわり合いをやめてみては？　と提案しても、やはりどんな職場でも仕事をするうえでの基本は人間関係を良好に保つことです。ですから、仲間とのかかわりをやめてしまうということはＡＳＤの特性を持つ女性の問題の解決にはならないのです。だからこそ、女性のＡＳＤ問題は人間関係が中心になり、その結果職場での不適応を起こしやすいと言えるのです。

ＡＳＤの女性の場合、男性の上司がよいのか女性の上司がよいのかは悩むところです。男性にも女性にも上司としてそれぞれに長所もあれば短所もあります。ＡＳＤの女性の特性をよく理解し、相談にのってくれる信頼できる「母親代わり」のような、あるいはロールモデルになるような女性の上司がいれば、職場の適応期のASDの女性にはとても有効です。

また、女性よりも喜怒哀楽などの表情が少ないので、反応を気にしなくてもすむぶん、明確な言葉で指示をしてくれるやさしく信頼できる男性上司もうまくいきます。ようは、ASDの女性の長所を理解してくれる信頼関係づくりが決め手になるのです。

女性の場合、ASDの特性を小さいころから周囲との違和感として感じています。男の子の場合には、幼少期からASDの特徴が見られるのですが、女の子の場合、小学校の2年生か3年生くらいのときに、上手に友だちとかかわれないことや、集団に入れないことにお母さんが気づきます。お母さんは、娘が成長するにしたがって、他者の感情に気づいてあげることや、周囲の空気を読むことが大切なことを知っていますが、娘の能力の低さに危機感を持ちます。小学校低学年で集団になじめないことなどが顕著になってきます。そういったASDの女性にとっての大問題は、生涯を通じてこの対人関係がもっとも大きな課題なのです。

ASDの女性の悩みのトップは人間関係

Aさんは職場の人間関係の問題に悩み、現在心療内科でカウンセリングを受けています。自分が悪いのではなく、意地悪な上司が自分を目の敵にして、周囲の社員もその上司にこびているひどい人間だと思っています。ただただ怒りがこみ上げ、そのことをお医者さんに聞いてほしいと思って来院しているのです。

Aさんの性格は比較的おとなしいタイプでしたが、幼稚園のころから友だちとあまり一緒に遊ぶことはありませんでした。2歳下の妹はいつも愛らしく母親に気に入られるのに、自分は叱られてばかりいると感じていました。

ままごとなどの「ごっこ」遊びを友だちや妹とすることは少なく、いつも一人で自分の「マイワールド」をつくり、人形を並べて遊んでいました。ゲームをしてもルールを覚えられず、自分が考えたルールには誰も合わせてくれません。ゲームをしても負けて泣き出すので、周りの友だちは誘ってくれなくなりました。友だちらしき女の子ができても、その子の得意なゲームで負けてしまうと、その女の子のことをずるく感じ、悔しくて大泣きし「大嫌い！」と言ったりもしました。

そのころは両親も幼稚園の先生も、ＡさんにＡＳＤの傾向があることを感じませんでした。控えめですが強情なＡさんの理解者はなく、むしろ頑固な子だと叱られるのでした。Ａさんはいまでも妹ばかりかわいがった母親のことを恨んでいます。

小学校の低学年のころは、やはり頑固で自分の意思が通らないと泣き出してしまうことがあり、周囲から「頑固な子」「困った子」というラベルを張られてしまうことがありました。しかし、Ａさんは知的にはむしろ高い方でした。その後、周りの人たちの行動の真似を学習するようになってからあまり問題は大きくなりませんでした。

Ａさんの生活に違和感が出てきたのは小学校3年生のときからです。何人かの友だちと話すとき、「あれさー」「ああ、あれね」「大丈夫？」「あの子ってさ〜」など、仲間のうちでは知っていてあたりまえ、友だちと共有することで関係性がより深まるような、お互いの暗黙の了解のうえに成り立ったあいまいな話が苦手だったのです。

Ａさんにとって、それら女の子の会話は表裏がたくさんあり、とても意地悪でウソつきの話のように感じたのです。仲のよい友だちがいないわけではないのですが、友だちに対してどこまで信じてよいのかがわからず、周囲の友だちの真似をして仲のよい友だちの噂話をしたりするので、せっかく仲良くなっていた友だちも失ってしまいます。そのときも、自分より離れていった相手が悪いように感じたのです。

中学校は問題なく通っているように見えました。しかし、グループや交友関係はますます複雑になるので、Aさんは話についていけないだけでなく、他の人の行動を先生に告げ口をしたり、不用意な言動で友だちに不快感を与えてしまうこともしばしばありました。頑固さもあったので、知らず知らずの間に友だちの輪からはずされるようになってしまったのです。しかし、自分ではまったく正しいことをしているので、すべてが理不尽に感じる体験でした。

そこで、Aさんはしだいに学校に行きたくなくなりましたが、勉強ができたことや、それほど目立つタイプではなかったのでなんとか通いつづけることができました。また、小学生のころからAさんは漫画をたくさん読んでいました。漫画の登場人物のキャラクターから女の子の気持ちを研究していたのです。漫画には女の子の心の内面が描かれており、漫画の中には意地悪なことや陰謀がたくさんあったのです。Aさんは女の子の世界を漫画を通じてそんなふうにとらえ理解していきました。

そのように理解し行動するようになると、案外学校生活もうまくいきました。ときには仲間はずれにされることもあるのですが、それもすべて女性の世界がどろどろしているからと考え、Aさん自身は反省することなくまったく気にしないでいることができたのです。あまりに反省しないので先生や両親から厳しく注意されることもあったのですが、皮肉まじりの返事をした後はケロッとしていました。

Aさんの世界では、自分の理解者であり認めてくれる味方（おもに先生）と、Aさんを脅してくる敵（おもに同級生）の二つにはっきりと分かれていたのです。

一度そう決めてしまったので、友だちや先生がそんな考え方は変えたほうがいいと言ったこともありますが、Aさんは自分の考えを変えませんでした。そして、いまAさんは自分の周囲の人々すべてを敵のように感じとても苦しく、意味もなく怒りがこみ上げてきます。しかし、Aさんの解釈では、それらはすべて女性が考えている意地悪ということになるのです。彼女にとって理由は明確です。それらは意地悪なので、みずからが反省することはまったくないのでした。

Aさんは彼女が思っている陰謀説のようなものを周囲に話し、うっかり友だちがその話を信じてしまうこともありました。「BさんはCさんを嫌っているんだよ……」といった話です。それで問題が生じたこともあるのです。

女性のASDを理解することが難しいのは、彼女たちが人間関係に悩んだ末、周囲に非協調的な反応をしている場合があることです。仮に、上司が敵対的適応をしているASDの女性の考え方に踏み込み、彼女を変化させようとすると、その上司が敵になってしまうためとても難しいのです。

就職してからASDの特性に悩みはじめたBさん

Bさんはとてもきれいな女性で、ぱっと見でASD的な特性を見ることはありません。しかし、実際には小学校低学年のころから周囲と打ち解けていないと、彼女自身思っていました。

中高一貫校の女子高で人間関係があまり変わらなかったこと、人あたりがそれなりでよく勉強ができたこと、姉や母との関係も良好だったので、友だちや周囲の人たちと打ち解けないことをあまり深刻にとらえていませんでした。

そんなBさんが生きにくさを感じたのは就職してからでした。Bさんは金融関係に就職することができました。初めのうちは、部署の飲み会や女性だけの食事会にも誘われていたのですが、たくさんの人の話についていくことができません。いつもなにを聞かれているのかとっさにはわからず、キョトンとしていたり、無表情で無関心に見えるのです。

「きれいな靴ね」と、普段あまり話したことのない先輩から突然話しかけられても、なぜこの人は突然靴の話をしているのか、どんな話を期待しているのかを考えてしまい、なにをどのように答えたらよいのかわかりませんでした。「ありがとうございます」とだけ答えて話はまったく盛り上がりません。

自分と話をしていた先輩や上司は、いつのまにか隣に座っているBさんの同期と話しはじめ盛り上がっていきます。自分はいつものけ者にされていると感じるのでした。

自分の理解力の低さや社交性の低さに打ちのめされた気分になり、先輩や上司とうまくやっている同期を恨めしく思います。そして、自分には価値がないように感じました。新人なので幹事を任されますがうまくいきません。そのときどんな行動をしたのか具体的にBさんに尋ねると、ついつい料理を食べることに集中してしまったり、日ごろあまり話さない同期に一方的に自分の知識を披露したり、幹事という立場を忘れていたのでした。

そんな周囲の冷たい反応をBさんも敏感に感じ、会社の中でも同期や先輩、上司たちを怖く感じ避けるようになりました。そんなBさんが給湯室に入ると、他の人たちがそれまでの会話をやめ、席にもどっていきました。いつも目の敵にされているように感じはじめたのです。あるとき、仲間や先輩社員と上手におしゃべりしている同期の女の子が、実はBさんの悪口を言っていることを知りました。そのころから通勤しているときに気分が悪くなることが増え、やがて出社できなくなったのです。

してはいけないことを指摘するだけでは変わらない

ASDの女性たちにはAさんやBさんのように、さまざまなタイプの適応のかたちを持った部下がいます。彼女たちにはどのように対応したらよいのでしょうか。

敵対的な考え方の適応タイプのAさんのような部下には、職場でのかかわり自体、本当に難しいというのが本音です。しかし、不器用でASDの特性があるために苦しんでいるBさんのような部下もたくさんいるのです。まずはそのようにさまざまなタイプの人たちがいて、それぞれに異なった特性に苦しんでいるということを理解してほしいと思います。ASD傾向を持つ多くの女性部下たちは、職場で彼女たちのそのような内面をわかってくれる上司を必要としています。

ASDの女性は小学校低学年で、自分の感情のコントロールができずずっと泣いていたり、友だちに嫌われるような発言を悪気なくしたり、それなのに友だちが自分を嫌っていると泣いてしまったりします。

男の子とばかり遊んでいたというASDの女の子はたくさんいます。しかし男の子に対しても相手を刺激する、挑発的な発言をするので、なかなか仲良くなることができません。そして、容赦なく嫌われることもあります。しかし、そんなASDの女の子を、周囲は、「原因はあなた自身にあるんじゃない?」と、因果応報としてとらえます。

彼女たちの小さいころの大問題はメタ認知の低さです。人からどのように見られているかに関する意識が弱いので、子どもたちの社会の中や、学校社会の中でどのようにふるまえばよいのか意識することが遅れます。

誰もが自己中心的な行動をとってしまう低学年であっても、ASDの子の強すぎる主張はわがままに思われます。わがままな行動は評価されないことを学習していきますが、ASDの女の子はそれが遅れます。また、自分の家では問題のない行動であっても、学校という社会では認められないといったルールの学習も遅れます。

ある女の子は、小学校低学年のときの給食の時間にパンを床に落としてしまい、そのパンを拾って平然と食べてしまったことから、女子からも男子からもそのことを揶揄されるようになってしまったのです。

そのときから、その女の子は自分の行動が周囲の友だちに受け入れられるのかどうかがわからなくなり、常に不安で気をつかいいつも疲れています。

また、別の女の子は、小学4年生になっても人前で鼻をほじり、そのまま机にふれていたりしていたことから、やはりクラスの友だちに避けられるようになってしまったのです。これらの行動の結果が、敏感な時期の子どもたちの人間関係によくない影響を与えることは先生や親もわかっています。そこで、先生や親は「そんなことをするから嫌われるのよ……」、「あなたが嫌われてしまうのは、何度やめなさいと言っても言うことを聞かないからよ……」と、さらに叱責します。

そうしているうちに、彼女たちも落としたパンは食べないほうがよいこと、人前で鼻をほじらないほうがよいことに気づきますが、それは周囲の友だちよりも遅く、気づいても止められるのはもっと遅くなります。

彼女たちに、止めなければならないことを指摘するだけではうまくいきません。「自分にできないことがあり」、「それをできるように」するためには、どんな行動をどのように増やし発達させるのか、この考え方は職場の上司と部下の間でも同じ問題になるのです。

ＡＳＤの女性があてはまる二つのパターン

ＡＳＤの女の子は、小学校高学年から思春期に入るころから、学校で少し浮いている、仲間はずれにされる、いじめられるという経験をして孤立します。これは、彼女たちが対人関係で必要な「同調」することが苦手だからです。

「同調」することは、一見、集団主義的でよくない行動のようにとらえられることがありますが、身体と心が発達し、親の価値観から離れ、自分で考え行動を始める思春期という不安定な時期に、同世代の仲間の中に属していることは精神的な安定につながります。同調は思春期の心の発達に意味があるのです。抵抗なく「同調的」動きができる体育会やサークル活動を活発に行ってきた新人が歓迎されるのは、そのような精神的安定の空気を知っているからということもできるでしょう。

さて、コミュニケーション能力の高低と、クラスの中での個々人のポジションについてなされた研究があります。

この研究では、コミュニケーションの能力の要素として、「自己主張力」「共感力」「同調力」の三つを挙げています。それによれば、共感力が高く、同調力があり、自己主張もできる人が万能のグループに入ります。対人関係で共感力は重要な要因ですが、学級の中でのポジションにとっては同調力のほうが大切になっています。組織の中では人に共感力があり、同調性があれば問題なくうまくいくとも言えるでしょう。

ＡＳＤは、この共感力と同調力に問題があります。共感力も同調力も低く、主張力が高ければ「自己中心的な人」と見られてしまいますし、主張力が低ければ、「なにを考えているかわからない人」となり、どちらも組織の中で浮いてしまう可能性が高いのです。ＡＳＤの女性が就業に至るまでは、この二つに分かれることが非常に多いのです。

一つは、孤立しても成績優秀で、独自の世界観があり、マイペースで周囲を見下しているかのように見えるタイプです。このタイプは、能力が高いので教室の中で浮いているという印象はなく、「栄光の孤立」と言えるかもしれません。

もう一つのタイプは、共感性も同調性も低く、主張力が弱くなにを考えているのかわからないタイプです。彼女たちは、実は仲間の中で孤立しないように最善をつくしいろいろと考えているのですが、思うようにできないのでいつも少し浮いていて、不安が生じて気持ちが落ち込むのです。

ＡＳＤの女性はコミュニケーションが苦手

仕事でも人間関係でも、職場で重要なのはコミュニケーションです。女性はこの能力がおしなべて高い傾向があります。またパーソナリティの評価から仕事の評価まで、コミュニケーションの能力が重視されるので、この能力が低い女性は職場の評価が一気に下がり、社内での居場所を失くしていきます。実は、ＡＳＤの女性にはそこに大きな問題があります。

コミュニケーションの問題とは、他者の意図を理解することが苦手ということです。他者の思いを理解できないので、Ａさんのように他者を信頼できないという人間観が形成されている場合もありますが、それほど敵対的な人間観ができあがっていない人の場合には、「会話を楽しめない」「受け答えが人より遅い」「女性のグループに属せない」などになります。

恋愛やファッションの話題は女性同士の人間関係の潤滑油になります。しかし、ＡＳＤの女性は他の女性と一緒になって同じように盛り上がることが苦手です。

そもそも会話をするということは、男女にかぎらず、一つの話題を通してセルフプレゼンテーションを行い、同時にその話題に共感してもらうことです。そこにはお互いを理解しあい関係性を構築していくという目的が潜んでいます。そのように、明確な目的を持って行われる話し合いではなく、他愛のないおしゃべりであっても、それを通してお互いに関係性を築いていくのです。他愛のないおしゃべりのような会話は、結論や意見を求めているのではなく、共感や同調を求めます。そのような会話を通して、全体の空気（会社や職場、学校や友だちなどのグループ）への参加ができるのです。

ところが、ＡＳＤの女性は他愛のないさまざまな話についていくことができず、会話が弾まないのです。興味のある話題以外はなにを話されているのかイメージできず、想像することに負荷がかかりどんどんつまらなく感じます。話の内容がまったくわからず苦痛を感じます。礼儀として話を聞くことはできますが、興味が持てず、自分の興味との共通点も見つからないので話についていけません。

会話の流れにそって受け答えすることはできますが、非言語的な（うなずく、アイコンタクトなど）情報のやりとりも苦手なので、本当に理解しているというメッセージを発することができません。また、受け答えのスピードも遅いため、会話が弾まないのです。

ＡＳＤの女性が会話の途中で話を退屈に感じたり、話の内容に興味を持っていないという感情的な情報は、彼女の表情などの非言語的な情報として話し相手に瞬時に伝わります。その結果、話し相手はＡＳＤの女性の反応の悪さを感じ、会話に興味を失います。そうなると、その後は徐々にＡＳＤの女性に話しかけることはなくなっていくのです。同じような年齢で似たような話題を話す友だちがいる学校ならまだよいのですが、職場では、せっかく話しかけてくれた先輩社員や上司から話しかけられなくなることは、職場の中の居場所を失ってしまうことにもなりかねません。

服装などのアドバイスができる信頼関係をつくる

ＡＳＤの人たちは、小学生のころから、性別によって求められている行動が異なっていることや、性別によって行動の中身が違っていることが理解できずにいることがあります。男性にもあることなのですが、社会が女性に求めている「女の子」らしさといったイメージは、男性の求められる「男の子」らしさより大きく強いイメージで求められることがあり、そのため女性は葛藤することになります。

小学校の高学年くらいから始まり、中学や高校時代になって、周囲の女の子の友人が徐々に女の子らしいふるまいを身につけていくなか、ＡＳＤの女の子はなかなかその必要性に気づきません。行動や習慣が身につきません。母親からは仕草やふるまい、服装を女の子らしくしなさいと叱られるのですが、そうすることが好きではないのです。いつまでも子どもっぽい服装だったり、男の子のような服装をしています。人前で鼻をほじることと共通するのですが、化粧やムダ毛の処理といった女性の身だしなみの習慣はなかなか身につきません。

周囲から、「女性としての自分」と見られているメタ認知が弱いので、どこでも足を開いて座ったり、女性から見ても不快に感じる動作をします。また大きな音を立てながら机に物を置いたり、大声で話したりと、全体的に仕草が荒っぽいのです。「女らしさ」と言っても、決して歌舞伎の女形のように強調しアピールするものではなく、必要最低限、習慣や一般のマナーの中に含まれる女性のパーソナリティの一部のようなものなのです。

しかし、現代の教育の中で、「女らしさ」や「女性としてのふるまい」は明文化され教わるものでもありませんから、彼女たちにとっては習得が難しいのです。

電車で座るときに足を開かないのは、公共のエリアで性的対象としてとらえられるリスクになると言葉にして説明すると「どうして周囲はそう思うのか?」と、逆に疑問を持ち反論されます。一般的なマナーとして覚えておけばよい常識レベルのことを理解しません。そもそも女らしさに価値を感じていないため、家族や友人が少々注意したくらいでは改善しません。

女性的なものに価値を感じにくい理由として、自分がどう見られたいかに関心がありません。いくら周囲が「女の子らしくしなさい」、「髪が乱れているよ……」と言っても、自分にとって価値がないのでまったく気にしません。そのため、「髪を整えなくてはならない」とか「女性としての身だしなみ」など、それらを必要としている社会の決まりごとやルールを、学校の教師や職場の上司、先輩が明確に具体的に教える必要があります。

しかし、いくらよいアドバイスと思っても、ASDの女性に指摘することはダメ出しと同義です。彼女なりの世界観を全否定されたように感じてしまいます。その点を忘れてはアドバイスになりません。

一方で、ASDの女性に対してあいまいな指摘では、ただ呼び出されただけだと思ってしまいます。「私だけが呼び出された」、「なにを言いたいのか全然わかりません」と、それが逆にストレスになってしまうことがあります。ここが大変難しいところです。アドバイスをしても、まったく改善されないばかりか、逆に関係がこじれ、部下の女性から非難されては意味がありません。

ＡＳＤの女性たちは社会性が乏しいので、その場の状況を感じたり他の人の希望に合わせて自分の行動を変えることが苦手です。自分の方法やルールにこだわるかで、他者に自分の行動を変えられることは苦痛です。

昨今は、女性の部下に「女らしくして」と言えません。セクハラでもあり、パワハラでもあるからです。女性は女性だからではなく、能力でその職場に貢献しているのであり、女性性がなくてはいけないということはありません。この感覚は女性全体に対して持っておくべきです。では、ＡＳＤの女性が「呼び出された」と感じないようにするにはどうしたらいいのでしょうか？

まずは、上司という立場で常にアドバイスできる関係であるという前提を彼女たちと共有しておくことが大切でしょう。そして、職場で求められているのは、その職場の求める「常識や良識」であり「女性性」ではないことを上司は理解しておかなければなりません。その職場の常識や良識としてよりよいイメージを具体的に伝えます。「○×することが望ましい」というハードルを一つずつクリアしていくようなカタチで、情報を具体的に実践的に伝えていくというサポートが必要です。「女性らしさ」といったものにはカタチがないので誰にとってもわかりにくいものです。このような抽象的な指示をしてしまうと、過剰に適応しようとして露出の高い服装をして浮いてしまう女性が現れることもあります。その場合もその点を不用意に指摘すると、「女性らしくしなさいと言ったじゃないですか」と反発を受けるでしょう。

ですから、ＡＳＤの女性にアドバイスをするのは、やはり上司でなくてはならないのです。先輩女性が「女性らしくしなさい」といったアドバイスをしても恨まれることになってしまいます。必ずＡＳＤの女性のためになることを、味方である上司が指摘してくれる……。そんな信頼感が必要なのです。

感覚が鋭敏なＡＳＤ女性の小さな変化をチャンスにする

ＡＳＤの傾向を持つ人は職場でのストレスが昂じてくると、パニックを起こすことがあります。男性の場合、限界がくると暴力をふるったり、その場から逃げ出すなどの行動に表れますが、女性の場合には人間関係の問題や仕事の失敗からパニックになると泣き出したり、無表情になり呆然としたりします。

苦手な作業を強要されたときや、決められた時間内に終わらないとき、怒りがあふれ抑えられなくなり、イライラして隣にいるスタッフに当たったり、なにも手につかなくなったり泣いたりします。周囲からは突然泣き出したように思われ、社会人としての信頼を失っていきます。

彼女たちは想像力が乏しく、過敏な感覚を持っています。仕事の量が増え、処理しなければならない情報の量があふれ出すと、情報の処理ができなくなり、焦り、イライラがつのります。過敏の感覚はそれらのイライラを受け止める許容量を超え、泣き出してしまうのです。ですから、処理しなければならない情報の量が増えたときにどうすればよいのか？　そんなときパニックにさせないためには、パニックになる前に彼女たちをサポートしておかなければなりません。日ごろからパニックになりそうになったらどのように上司に伝えるか、または上司との関係を築いておくかを一緒に考えておかなければなりません。

いったんパニックを起こしてしまうと、体調にも影響を与えます。ＡＳＤの女性は体調不良になりやすく、そのうえパニックを起こしてストレスを抱えてしまうと、不眠になり朝が苦手になります。眠れない、起きられないという睡眠障害から、ひどい疲労感を感じてだるくて起きられなくなったり、吐き気や頭痛、便秘、下痢などに加え、深刻な自律神経失調症のような身体症状が見られるようになります。

ＡＳＤの人たちは、視覚、聴覚、臭覚、味覚、平衡感覚、内部感覚などの身体感覚に偏りがあり、生活上で困難が生じていることがよくあります。しかし、職場の環境はさまざまな人間の平均的な感覚に合わせて設定されていますので、音や光、香りなども大多数の人の感覚を基準にしています。ですから、往々にして、ＡＳＤの人はその平均的な環境の中で苦痛を感じることもあります。逆に鈍感な場合もあります。

たとえば、あるＡＳＤの女性スタッフの場合には、毎朝一番に出社するのですが、ＵＶカットもされている広い窓のブラインドをすべて下げてしまうので、「変わった人」と言われていました。次に出社してきた社員が下げられたブラインドを開けるのですが、しばらくすると彼女は再びブラインドをすべて下げるのです。その理由を上司が問うと彼女は、「まぶしいからです……」と答えました。

上司が視覚的な困難があるのかを尋ねると、「そんなことはありません」と言いました。そして、「プライドを下げてはいけないんですか?」と逆に尋ねられたので、「そんなことはないんだけど……」と押し問答が続いたのです。多くの人は気にしない光や音に苦しみ、そのストレスから心身症になるASDの人がいるのもたしかです。本人にとっては周囲と自分自身との違いがわからず、周囲から嫌がらせをされているのではないかと受け取ることもあります。

露出の多い服を着て出社してくるのも触感の問題が隠れている場合があります。男性上司の匂いを極端に嫌ったり、反対に香りに鈍感で香水の匂いがきつすぎて周囲を困らせることもあります。温度に合わせて服装やエアコンの温度調節をすることが苦手で、夏でもエアコンで身体が冷えきっていることもあります。

ちょっと皮膚にふれただけでも痛がることがあるのに、出血するほど指を切ってしまっても平気な顔をしていることもあります。突然疲労感が襲ってきて動けなくなり、周囲に迷惑をかけることもあります。とくに大きな声には苦痛を感じ、男性の大きな声、叱責の大きな声や、自分が笑われているのではないか?　と思えるような女性の楽しそうな笑い声がストレスになります。

過敏とも思えるような彼女たちの身体に変化が起こり、体調不良などの問題が現れた場合には、そこをチャンスにして、ＡＳＤの女性たちとともに休憩の仕方などを一緒に考えながら、コミュニケーションのよいきっかけにするとよいでしょう。

本来は個人の問題の恋愛にも少し配慮する

ＡＳＤ傾向の若い女性の中には、恋愛関係のトラブルや性的被害に遭遇してしまう問題があります。職場の中での付き合いでも誤解や失敗が生じる可能性があります。

ＡＳＤの女性は相手の意図を汲むことが難しく、逆に自分の行動が相手にとってどんな意味を持っているのか自覚がない場合があります。男性との日ごろのなにげない付き合いの中で、自分が好かれていると勝手に誤解し執拗につきまとってしまったり、反対に相手の男性に誤解させたりすることがあります。

露出の大きい服装、華美な服装が男性を誘う要因になっていても、ＡＳＤの女性本人は男性の気を惹くという意図を持っていないので周囲への影響を自覚していません。酔った勢いで話しかけてくる男性について行ってしまうなど、自分ではまったく自覚がないにもかかわらず性的関係になり強いショックを受け、その結果メンタル不調につながることもあります。

また、常に自信がないため、ほめてくれる男性がいると心を許しやすく、求められると関係を持つ場合もあり、男性に利用されてしまうケースもあるのです。

漫画やドラマから恋愛を学んでしまった場合も、彼女たちなりに都合のよい解釈をし、恋愛と男性の好意の違いを明確に理解していないこともあります。恋愛の場合、本来は家族のサポートが重要ですが、上司がそのようなことにも少し留意してくれるだけで避けられることもあるのです。

終章

子どもから大人へ、発達障害診断の未来

発達障害への取り組みははじまったばかり

発達障害の概念が一般社会で理解されるようになってから、まだ10年ぐらいしかたっていません。成人の発達障害（アスペルガー症候群）についての理解は5年ぐらいでしょうか。私が最初から解説している『旦那さんはアスペルガー』（コスミック出版）が出版されたのが2011年でした。子どものアスペルガー症候群への理解が進み早期療育が行われるようにもなってきたのは2005年ごろからでした。

成人のアスペルガー症候群については、子どものアスペルガー症候群が成人期になるまで、まだ医師も診ていない時代だったので、児童精神科医、小児神経科医は大人のアスペルガー症候群を診ていませんでした。その結果、十分に大人のアスペルガー症候群がわからないわけです。加えて、成人の精神科医の間では発達障害の概念がまだわかっていない状態です。成人のアスペルガー症候群の人たちは、自己を客観的に見ることが難しいため、自分の問題がどんな問題なのかがなかなかわかりません。周りの人たちが自分を中心に普段から困っていても、自分は困っていません。なぜか社会で生きていくことが難しい、自分に自信がない、そう思っても彼らはどうしてなのか気づくことができないのです。

結果的に、私たち医師が成人のアスペルガー症候群と最初に出合う機会は、アスペルガー症候群の子どもの親と出会うことがきっかけでした。初めは家庭内の問題や妻との関係、子どもとの関係などを解決するために私たちのところを訪れるのです（参照・『夫がアスペルガーと思ったとき妻が読む本』）。家族としてうまく暮らしていくために子どもを連れて病院を訪ねてくる夫（父親）との面談を続けていくうち、実は、順調に見えていた社会生活についても、彼らが多くの問題を抱えていることに気づきました。

さらに、私たちが日常的に診ている子どもたちが大学生になり、その後、就労するようになってからも、生きにくさがあることがようやくわかってきたのです。アスペルガー症候群の子どもたちは、学生生活をなんとか送ることができても、就職活動の難しさを経て、就職してからも多くの困難に出合うようになるのです。

こうして私たちは、学童期の純粋なかたちのアスペルガー症候群の子どもたちを診ている中から、実は、子どもたちの父親を含む家族、周囲の人たちの中、さらに子どもたちが成長した後の仕事や家庭生活といった未来へとフィールドがどんどん広がっていったのです。そして、このことには時代的背景も深く関係しています。

発達障害が警告するさまざまな問題

２００２年、文部科学省が調査したデータによれば、知能発達に遅れはないが日常の学習や行動において、特別な配慮が必要とされる、「発達障害などの」児童が６・３パーセントいることが判明しました。このような調査の結果、２００４年に「発達障害者支援法」が公布され、医療機関や教育機関など社会への周知徹底が図られ、さらに、発達障害の人たちへの必要な指導や援助を行わなければいけないと定められました。このときは発達障害の早期発見、早期療育が謳われ、学校教育の中での発達障害者への支援、発達障害者の就労の支援、発達障害者支援センターの設置など、発達障害者の自立や社会参加や生活全般にわたる支援が目的とされていました。具体的なポイントは、次の五つです。

①利用者本位のサービス体系として、障害の種別（身体障害・知的障害・精神障害）にかかわらず、障害のある人々が必要とするサービスを利用できるよう、サービスを利用するための仕組みを一元化する。

②サービス提供主体の一元化として、サービスの提供主体は市町村が一元的にサービスを提供する。

③支援の必要度に応じてサービスが利用できるように障害程度区分が設けられ、支給決定のプロセスの明確化・透明化をする。

④働きたいと考えている障害者に対して、就労の場を確保する支援を強化する。

⑤国の費用負担の責任を強化し（費用の2分の1を義務的に負担）、利用者も利用したサービス量及び所得に応じて原則1割の費用を負担するなど、みんなで支えあう仕組みにする。

まずは、このような支援の仕組みが作られたのです。そして、2016年5月に「発達障害者支援法」の改正案が施行されました。改正のポイントは次の四つです。

①利用者負担の見直しが図られ、利用者の実質的な負担が軽減され、「応能負担」となった。
②「障害者」の範囲を見直し、福祉サービスの対象に自閉症などの「発達障害」を明確に位置づけました。注意欠陥多動性障害、学習障害、アスペルガー症候群などもこれにあたり、より支援が受けやすくなりました。また、「高次脳機能障害」も含まれるようになった。
③学齢期の子どもの放課後や夏休みなどの居場所の確保へ、「放課後等デイサービス」が制度化され、児童デイサービスは、必要なら20歳に達するまで利用できるように特例が設けられました。集団生活になじめるように、専門的な支援を行う「保育所等訪問支援」も創設された。
④日常生活支援が必要な人が共同で暮らすグループホーム、介護も必要な人向けのケアホームを利用する際には、居住費の助成が受けられるようになりました。
このような流れの先には、発達障害の実態の研究や、円滑かつ的確な診断の推進、

発達障害児の療育などの充実、保護者の対応や、学校の中での特別支援教育の推進が挙げられていますが、同時に成人期の支援の推進などの項目も挙げられています。

徐々に環境整備されてきた発達障害のいま！

前回実態調査から10年を経た、2012年に行われた調査では、発達障害の子どもたちの割合は、6・5パーセントで、1クラスに二人ほどは発達障害の傾向があるということでした。通常学級に通う児童生徒を対象にしているため、特別支援学校などに通っている発達障害児などはデータから除かれています。そのため実際の数字は6・5パーセントよりも高い可能性があると考えられます。この数字からは、通常学級に二人以上いると考えられる発達障害の子どもたちが、将来は一般企業に入社するか、あるいはすでに働いていると予測できるわけですが、この時点ではまだ就労している発達障害の人たちに対する議論は一般的ではありませんでした。

しかし、状況はしだいに変わったのです。2006年、国連総会議で採択された「障害者の権利に関する条約」を２００７年に我が国は署名。２０１０年から雇用・就労、司法手続、選挙、公共的施設及び交通施設の利用、情報、教育、日常生活（商品、役務、不動産）、医療の各分野など障害者の権利について検討されました。

その結果、ハラスメント、欠格事由、障害女性などの課題の解決を進めることや、差別を受けた場合の紛争解決の仕組みについて検討され、「障害者基本法」の改正に基づいて、「障害を理由とする差別の解消の推進に関する法律案」が２０１３年に公布されたのです。

この法律によって、行政機関や事業者が障害を理由として、障害者でない人と不当で差別的な扱いをすることをしてはならないとされました。

この法律では、差別にならないために障害者に、合理的な配慮をしなければならないと定めています。採用や仕事の内容について、「不当な差別的取り扱い」をしてはいけないことや、「必要かつ合理的な配慮」をするように努力しければならないと定められたのです。

不当な差別的取り扱いの基本的な考え方は、「障害者に対して、正当な理由なく、障害を理由として、財・サービスや各種機会の提供を拒否する、または提供にあたって場所・時間帯などを制限し、障害者でない者に対しては付さない条件を付けることなどにより、障害者の権利利益を侵害することを禁止」しているのです。

不当な差別的取り扱いとは、正当な理由なく、障害者を、問題となる事務や事業について障害者ではない人より不利に扱うという点です。このような考え方や方針の内容は、行政機関ではすみやかに行われ、民間事業者へは努力目標とされていましたが、2016年4月からは法律が施行されました。障害者差別解消法の指針や具体的な企業の対応、ガイドラインなどは厚生労働省のHPなどで閲覧することができます。

施行された法律が実際に有効になっているかどうかの報告を求めたり、行政から企業への指導や勧告を行うことができるとされています。これに従わなかったときや、虚偽の報告を行った場合には、罰則が課されることになります。

2016年4月からは企業でも対応を行わなければならなくなりましたが、その考え方や内容は以下のようになっています。

「雇用に関し、適当な雇用の場を与える責務を有するとされており、雇用時間と障害の重さにより人数の算定が異なります。常勤の労働者数が、その雇用する労働者の数に以下の障害者雇用率を乗じて得た数になります。一般事業主２・０パーセント、国や地方公共団体、一定の独立行政法人２・３パーセント、都道府県教育委員会などは２・２パーセントと定められています。特例として、関係にある特例子会社の雇用も合算することができます。特例子会社を有しない場合であっても、企業グループ全体で障害者雇用率を算定できます。事業主（雇用する労働者の数が常時50人以上）は障害者雇用の報告の義務があります。さらに、この割合については、改定ごとに増えることが予定されています」

このように、一般の社会において障害を持つ２パーセント以上の人が差別なく働けるようになり、今後もますます増えていくことになります。このような社会では、発達障害などの診断を受けていて、それまでは診断されたことを会社に報告していなかった場合も、今後は明らかにしたほうが会社にとってもよいことになります。また、発達障害の人たちが一緒に働くようになり、診断基準や対応方法などを学ぶうちに自分自身にも同様の要素があることに気づくようになる方も多いと思われます。

発達障害の未来と三つのキーワード

最後に、現在、発達障害の人たちの未来に向けて思うことがあります。

発達障害の問題が完全に解決することはとても難しいことだとは思いますが、少なくとも次の三つのキーワードを思い浮かべながら、これからも発達障害の人たちと向き合う必要があるのではないかと思っています。

①家族／子どもの発達障害の改善が予想どおり進まない場合には、背後に家族機能の問題があることが多いのです。精神科では一人ひとりの個人は扱いますが、家族の問題は扱わないことが多いのです。このように、子どもの発達障害が改善しないことに家族関係の問題があることはまだあまり気づかれていません（参照・『夫がアスペルガーと思ったとき妻が読む本』）。

②うつ病、うつ状態／母親のうつ状態は、夫が夫としての役割を果たしていないことから起こってくることが多いのです。夫が相手の気持ちを推測し、適

切な対応をとることができない。女性が共感を求めているのに、男性は理論で反応してしまう。すなわち、言語の背後にある非言語的メッセージが解読できていないのです。それが、妻を巡る新しい問題、「カサンドラ症候群」という新しい問題に発展しています。（参照・『夫がアスペルガーと思ったとき妻が読む本』）。

父（夫）のうつ病がなかなか治らない、または再発するなどといった背後には、実は発達障害が存在していることがまだ理解されていないのです。学習障害やＡＤＨＤがうつ病の背後にある場合には、うつ病の治療をして、いったんうつ病はよくなっても、発達障害に対しての合理的配慮（治療）がされていないので再発してしまいます。

アスペルガー症候群の場合には、うつ病の診断はついていても精神的な不調よりも身体的な不調が起きるため、頻用されている抗うつ薬（ＳＳＲＩ）で改善することは少ないのです。アスペルガー症候群の治療の一環として、セロトニン主体の治療よりノルアドレナリン主体の治療のほうが有効であることが多いのです。うつ病の背後にある発達障害の見極めや治療方法の選び方は、たかだか10年ほどしかない発達障害の概念なので、精神科医にはまだ情報が届いていません。精神科医に発達障害の理解を深めてもらい、うつ病の背景に、発達障害があるのか？　ある場合とない場合で治療法を変える視点を学んでもらうことが早急に求められます。

③ギフテッド・ポテンシャル／知的に高い子どもたちの特徴にはネガティブなものとして、理屈っぽく、生意気、人の間違いが許せない、ときに衝動的で暴力的、感覚が敏感、こだわりが強い、などがあります。

以前診察をした子どもたちの中に、口ばかり達者だけど運動はからっきしダメで、ノートをとらせたり、書くのをいやがるような子どもたちがいました。しかし、この子どもたちが小学校高学年で自己抑制ができるようになり、高学歴になり、社会に出てすばらしい活躍をしはじめたのです。

これからの社会は、彼らにつくってもらうと言っても過言ではありません。しかし、この未来を創造的に生きる子どもたちが、いまの学校の中では生意気で暴力的な発達障害の子どもとして対応されているのです。

この子どもたちの傾向をしっかり理解していれば、彼らが成長した後の、家族の問題や、発達障害から起こる二次的なうつ病などと無縁な素晴らしい父親になる可能性がとても高いのです。

私は日々クリニックの中で、素晴らしいポテンシャルを持った子どもたちを、家庭から社会に送り出してあげるお手伝いをしています。子どもたちの発達を支える家族やうつ病の問題が起きないように、子どもたちの両親に対してもサポートをしています。子どもの発達障害の診療を行いながら、気がつけば、その子の両親や親の仕事の問題など、終わりのない輪廻的な仕事になってしまい、いつ終わりになるのかまったくわかりません。でも、どうやれば少しでもすべてがよくなるのかを毎日学びながら私も成長していきます。

２０１７年４月

宮尾益知

宮尾益知（みやおますとも）

東京生まれ。徳島大学医学部卒業。東京大学医学部小児科、自治医科大学小児科学教室、ハーバード大学神経科、国立成育医療研究センターこころの診療部発達心理科などを経て、2014年にどんぐり発達クリニックを開院。主な著書・監修書に『発達障害の治療法がよくわかる本』、『発達障害の親子ケア』、『女性のADHD』、『女性のアスペルガー症候群』（いずれも講談社）、『子どものADHD』、『夫がアスペルガーと思ったとき妻が読む本』（いずれも河出書房新社）など。専門は発達行動小児医学、小児精神神経学、神経生理学、発達障害の臨床経験が豊富。

滝口のぞみ（たきぐちのぞみ）

東京生まれ。帝京平成大学大学院准教授。青山学院大学卒、白百合女子大学大学院博士課程修了、博士（心理学）。臨床心理士、特別支援教育士。専門は夫婦関係および発達障害で、現在、主に発達障害の保護者および成人の発達障害とそのパートナーを対象としたカウンセリングを行っている。著書に『夫がアスペルガーと思ったとき妻が読む本』（河出書房新社）などがある。

部下がアスペルガーと思ったとき上司が読む本

2017年4月20日初版印刷
2017年4月30日初版発行

著者　宮尾益知　滝口のぞみ
発行者　小野寺優
発行所　株式会社河出書房新社
東京都渋谷区千駄ヶ谷2－32－2
電話　03-3404-8611（編集）
03-3404-1201（営業）
http://www.kawade.co.jp/
装丁・DTP　有限会社レゾナ
編集協力　西垣成雄　宮崎守正（有限会社ディークリエイト）
印刷・製本　株式会社暁印刷

Printed in Japan　ISBN978-4-309-24800-4